*F.994
c.d.

994
c.d.

PRINCIPES
D'UN
BON GOUVERNEMENT,
OU
RÉFLEXIONS
MORALES ET POLITIQUES,

tendantes
à procurer le bonheur de l'homme & celui
des sociétés politiques.

Par
Mr. DE CAMPAGNE,
Conseiller Privé au Grand Directoire françois &c.

TOME I.

A BERLIN,
Chez George Louis Winter. 1768.

A MES ENFANS,

C'est à vous, mes chers enfans, que j'ai consacré mes veilles, & vous en recueillerez infailliblement des fruits bien précieux, pourvu que les principes excellens que j'ai rassemblés dans cet ouvrage, soient imprimés vivement dans vos cœurs. Si je n'ai rien qui me diſtingue aſſez du commun des autres hommes, pour m'attirer de leur part des marques d'eſtime & d'affection particulière ; j'ai du moins lieu de m'attendre de la vôtre à quelque reconnoiſſance, par rapport aux ſoins que j'ai pris de votre jeuneſſe, pour vous porter à la vertu, & vous donner des mœurs. Je n'ai épargné, ni peine, ni travail, ni dépenſe, pour vous procurer une bonne éducation. J'ai ſurtout ſouhaité ardemment que vous vous miſſiez en état d'être utiles à la ſociété, & que vous devinſſiez de bons citoyens, animés de l'amour de la patrie. C'eſt dans cette vue principalement que j'ai achevé cet ouvrage, & que j'ai tâché de vous inspirer le goût des vérités & des maximes qu'il renferme; maximes qui de tout temps ont fait le bonheur des peuples, aussi bien que des particuliers qui les ont observées. Puissiez-vous ne jamais les démentir, & en démontrer l'utilité par votre conduite & par votre application à tous vos devoirs! C'est là un moyen que vous avez de remplir mon ame d'une joie pure, & de m'assurer un salaire bien doux de mon travail. Il ne me reste à présent, qu'à employer les jours qu'il plaira à la providence de m'accorder encore sur cette terre, à faire voir combien l'observation de ces maximes est avantageuse au bien public, par le moyen de l'Extrait des ordonnances du pays, que le Roi m'a ordonné *) de faire, il y a déjà quelques années, &

*) Nous FREDERIC par la grace de Dieu, Roi de Prusse, Marggrave de Brandebourg, Archi-Chambellan & Prince Electeur du S. Empire Romain. &c. &c.

Ayant pris en considération qu'il seroit de notre intérêt, & utile à la nation françoise réfugiée dans nos Etats, que l'on fît en sa faveur un extrait & abrégé des lois & des ordonnances du pays, tant générales que particulières, & relatives au gouvernement des Colonies Françoises: d'autant plus que la plupart des édits qui ont été publiés en françois n'existent plus; & que d'ailleurs un grand nombre de nos sujets françois, ignorant encore la langue allemande, ne peuvent parvenir à connoître nos lois & ordonnances générales allemandes, dont ils doivent cependant observer la teneur.

Nous vous avons chargé & vous chargeons par ces présentes, de faire un extrait de toutes les lois & ordonnances que Nous & Nos Prédécesseurs de glorieuse mémoire avons fait publier, tant de celles qui sont générales à tous nos sujets, que de celles qui sont particulières à la

que je n'ai nullement perdu de vue. L'en-
tière exécution n'en a été suspendue que par
nation françoise, afin qu'elle puisse ainsi acquérir la connoissance de tous ses devoirs, & les mettre en pratique.

Nous espérons aussi que par là Nos Collèges & Tribunaux allemands se mettront au fait des arrangemens pris par Nos Prédécesseurs de glorieuse mémoire pour le gouvernement des Colonies Françoises, & contribueront de toutes leurs forces, suivant Notre intention, à conserver dans leur entier les édits & règlemens, qu'ils ont donnés pour cet effet.

Nous vous autorisons aussi à faire imprimer l'extrait en question dans la forme que vous jugerez convenable, après un examen préalable de ceux que notre Ministre d'Etat & de guerre de Brand aura nommés, pour revoir & approuver ce que vous aurez fait. Nous vous demeurons, au reste, affectionnés, & dans l'occasion nous aurons égard à votre travail & à vos peines. A Berlin, le 10 de Janvier. 1742.

FRÉDÉRIC.

Brand.

A Notre Conseiller Privé de Campagne, qui est chargé de faire un extrait des ordonnances, tant de celles qui sont générales, qu'en particulier de celles qui sont relatives au gouvernement de Nos colonies françoises, & de donner l'extrait au public.

mes occupations publiques, aussi bien que par le désir de finir un traité qui en étoit comme la base. Je vous prie, mes chers enfans, de le recevoir comme une marque sincère de mon affection pour vous. Je suis avec une tendresse vraiment paternelle

MES CHERS ENFANS,

Votre

très affectionné Père,
A. A. de Campagne.

PRÉFACE.

Des occupations qui ont un rapport intime avec les loix qui font en vigueur dans les Etats policés, m'ont engagé à rechercher soigneusement les sources & les principes de ces loix. Diverses lectures m'ont instruit des motifs de leur publication, & mis en état de rassembler un grand nombre d'observations sur l'art de gouverner. J'ai goûté d'autant plus de satisfaction dans cette étude qu'elle m'a convaincu que les principes d'une saine politique sont les mêmes que ceux de la religion & de la morale, & qu'ils conduisent les hommes au bonheur dont ils sont susceptibles dans ce monde.

Quel plaisir que de voir nos actions réglées par des loix qui tendent toutes à notre bien! Quelle satisfaction que de considérer la dextérité

A

avec laquelle les loix concilient les intérêts qui paroissent les plus opposés, unissent les hommes entr'eux par les liens les plus forts, les portent à la vertu, & leur y font trouver leur avantage particulier, en les obligeant à travailler à celui du public! Quelle douceur que de jouir tranquillement, à l'abri des loix, de ses biens & de sa liberté, & de n'avoir pas à redouter les attentats de ceux qui se plaisant dans le désordre, ne demandent pas mieux que de bouleverser tout, pour pouvoir s'abandonner sans contrainte à leurs penchans déréglés!

Voilà les fruits précieux que l'on retire d'une sage politique, & qu'on ne recueillera jamais dans les Etats gouvernés selon les principes de *Machiavel*.

Il seroit à souhaiter que les souverains, & tous ceux qui sont appellés au gouvernement des royaumes & des républiques fussent aussi convaincus de l'énormité des maximes du *Machiavellisme*, que l'est l'auteur auguste qui l'a combattu avec autant d'élégance que d'énergie, & le philosophe bienfaisant a) si digne de vénération, dont les œuvres intéressent tout le genre humain. On ne verroit pas l'injustice, la mauvaise foi, la trahison régner en tant d'Etats,

---

a) Stanislas vivoit encore, quand cette préface a été composée.

& traîner des maux sans nombre à leur suite. Une des principales causes du malheur des hommes, & surtout des désordres qui arrivent dans les sociétés, c'est qu'on n'a point de principes fixes de conduite, qu'on se fait sans cesse illusion sur la nature du vrai bonheur, & qu'on s'en laisse imposer par ses passions favorites. C'est là l'origine de tant de loix injustes, bizarres, ridicules, insensées. C'est là la source de tant de démarches imprudentes & déréglées.

Si l'on étoit une fois bien imbu de principes solides, si l'on étoit pleinement persuadé qu'on ne peut obtenir des avantages réels qu'en agissant conséquemment à ces principes, il ne seroit pas possible que l'on s'égarât si souvent. Un souverain qui désire sincérement de faire son devoir, informé des véritables motifs qui doivent le déterminer dans la publication des loix, n'en donneroit que de raisonnables; & ses sujets, bien convaincus de leur nécessité & de leur sagesse, ne feroient aucune difficulté de les observer. L'ignorance des raisons qui ont fait établir une loi, est très souvent la cause de son inobservation. On voit, par exemple, des gens qui se piquent de probité, se faire illusion au point de croire qu'ils peuvent, sans blesser la conscience, celer les effets qui sont sujets au péage; pourquoi cela? N'est-ce pas souvent parce qu'ils croient ces impôts injuſtes, & qu'ils ignorent leur deſtination; ou qu'ils ſe perſuadent mal à propos & ſans fondement, que les deniers qui en proviennent ſont mal adminiſtrés? Un honnête homme, qui ſait que les ſubſides qu'on leve ſur les citoyens, ſervent à payer des juges & des gardes qui veillent à leur ſureté, & qu'ils ſont le prix de leur vie & de leur liberté, acquittera avec joie des charges dont il retire des avantages ſi conſidérables. Il paroît donc utile de faire connoître aux hommes les ſources de leurs devoirs, & de leur fournir des principes fixes & ſolides, qui puiſſent les guider dans toutes les occurrences de la vie, & les conduire ſurement au bonheur. Ceux qui ſont appellés à l'adminiſtration des affaires publiques, doivent ſurtout ſe munir de bons principes, & ſe les imprimer ſi fortement dans leur eſprit que jamais ils ne les perdent de vue. Le moindre écart qu'ils ſe permettroient ſur ce ſujet, peut devenir très funeſte à tous ceux qui ſont dans leur dépendance. J'ai fait connoître ſuffiſamment dans le *Diſcours Préliminaire*, quels ſont les principes qu'il faut ſuivre, tant pour être heureux, que pour répondre aux vues de Dieu dans l'établiſſement des différentes ſociétés. On y verra, à ce que j'espere, auſſi bien que dans le cours de l'ouvrage, que la vérité de ces principes a été, dans tous les tems & dans tous les lieux, ſenſible à tout homme qui penſe, & qui fait uſage de sa raison; que par conséquent ils ont des fondemens plus solides que ceux du climat, du tempérament & des préjugés, auxquels les prétendus philosophes modernes attribuent les vertus & les vices.

Il faut à présent donner une idée plus précise du plan de cet ouvrage, & de la manière dont je l'ai exécuté.

D'abord j'indique les vérités dont la connoissance est nécessaire pour établir les principes & les règles de nos devoirs: telles sont les vérités de la religion naturelle, & surtout l'existence de Dieu, & les témoignages qu'il a donnés de sa souveraine sagesse.

Diverses considérations sur l'homme découvrent les vues que Dieu a sur lui, & qui consistent principalement à le conduire à la perfection & au vrai bonheur. J'examine la nature de l'homme, l'excellence de son ame, ses prérogatives, ses espérances: je fais voir à quelle perfection il doit aspirer, & comment du principe de la perfection, réuni à quelques autres premieres vérités, on peut déduire tous ses devoirs. Ensuite je fais quelques réflexions sur la providence, qui me paroissent lever pleinement les difficultés que l'on forme contr'elle. Après avoir considéré l'homme en qualité d'être raisonnable, je l'envisage comme membre d'une société. Je montre qu'il ne peut se passer de ses semblables; que l'état de nature a plusieurs inconvéniens, & que la société eſt également néceſſaire & pour la perfection de l'homme, & pour ſon bonheur. Je rapporte quelques maximes, qui découlent des principes & des règles de la morale, pour juſtifier les réflexions que je fais dans la ſuite de l'ouvrage, tant ſur le gouvernement des ſociétés particulieres, que ſur celui des ſociétés politiques, ou des républiques. On trouvera pluſieurs conſeils, qu'il eſt eſſentiel de ſuivre pour la proſpérité de ces ſociétés particulières qui ſubſiſtent entre les maris & les femmes, les pères les mères & les enfans, les maîtres & les domeſtiques. Mais je m'attache principalement à faire voir quels ſont les devoirs des ſociétés politiques & de ceux qui les compoſent, auſſi bien que les moyens de les gouverner avec ſageſſe. Je commence par les perſonnes qui ſont appellées à commander aux autres; je parle des diverſes formes de gouvernement, de leurs inconvéniens & de leurs avantages; & je donne la préférence à l'Etat monarchique, pourvu que le ſouverain ait de la droiture & de la probité. Je dépeins un monarque tel qu'il devroit être, ſuivant les notions que je me ſuis faites de la ſouveraineté. Je traite du pouvoir des ſouverains, & de l'harmonie qui doit régner entr'eux & leurs peuples, de même que des maximes que les uns & les autres doivent ſuivre pour l'entretenir. Le premier & le principal soin d'un souverain me paroît être celui d'établir un bon conseil. J'en indique les divers avantages, dont l'un des plus considérables est sans contredit l'étroite union qui règne par son moyen entre les différens départemens d'un Etat. Pour l'établissement de ce conseil, il convient d'apporter beaucoup de discernement dans le choix des conseillers d'Etat, & je fais l'énumération des qualités qu'ils doivent posséder. Je dis un mot de la conduite qu'un souverain prudent tient avec ses ministres, & de là je passe aux diverses fonctions dont il les charge, & qu'il régle avec beaucoup d'ordre & d'exactitude, afin que chaque ministre sache, quelles sont les affaires de son ressort, & n'empiète pas sur les droits des autres.

Une des principales vues du souverain, & de son conseil, c'est de se procurer un nombre suffisant de sujets. J'indique les voies les plus sures pour en attirer des autres Etats, lorsqu'on en manque, & pour retenir ceux que l'on possède. Chaque classe de sujets trouvera quelque article qui la concerne, dans les endroits où il m'a paru le plus naturel d'en faire mention.

Pour gouverner les sujets avec sagesse, il faut leur prescrire des loix dont l'observation puisse leur faire atteindre le but qu'on s'est proposé dans l'établissement des sociétés politiques. Je parle à cette occasion des loix en général, de leur interprétation, des récompenses & des peines, des loix civiles, ecclésiastiques, militaires, du Droit Romain, aussi bien que des sources des ordonnances & des règlemens d'un Etat policé.

Il s'agit d'éclairer l'entendement des sujets, & de porter leur volonté vers le bien; & cela me fournit l'occasion de parler des écoles, des académies des sciences, des temples, des prédicateurs de la religion &c. Il s'agit de veiller & de pourvoir à la sureté des citoyens, & de faire en sorte qu'ils jouissent tranquillement de ce qui leur appartient; & cela me donne lieu de traiter des tribunaux de justice, des juges & des qualités qu'ils doivent posséder, de la vénalité des charges, du duel &c. Mais il ne suffit pas de rendre justice; il faut encore pourvoir à la subsistance & à l'agrément des citoyens. Il faut prévenir, autant qu'il est possible, tout ce qui pourroit leur nuire & leur rendre la vie amere. Voilà ce qui m'engage à rapporter les précautions d'une bonne police touchant le blé, le pain, les magasins de grains, les disettes, la peste, l'établissement des médécins, des chirurgiens, & des apothicaires, & les autres arrangemens qu'elle doit prendre pour procurer aux sujets les commodités de la vie, & divers amusemens innocens.

PRÉFACE.

Après avoir indiqué ce qu'il faut mettre en pratique pour la conservation & l'agrément des citoyens, il étoit naturel de traiter des moyens de rendre un Etat riche & puissant. Quand l'argent y circule en abondance, on trouve facilement les fonds nécessaires aux dépenses auxquelles il est obligé, & sa puissance, en le rendant formidable aux ennemis du dehors, le met en état de détourner leurs mauvais desseins. Je réduis les moyens d'augmenter les richesses & la puissance d'un Etat à cinq principaux: 1. le commerce; 2. les troupes & les forteresses; 3. les alliances; 4. la marine; & 5. les finances.

I. J'expose les avantages considérables qui résultent du commerce. Je traite de ses deux sources, l'agriculture & l'industrie. Je trouve qu'il est de l'intérêt d'un Etat d'encourager & de favoriser l'une & l'autre de tout son pouvoir; & j'indique les voies qui me paroissent les plus convenables pour cet effet. Je parle de l'établissement des maîtrises, du but que l'on s'y propose, & de l'attention que l'on doit avoir pour qu'elles ne gênent pas mal à propos l'industrie. Je rapporte ensuite les principaux objets du commerce; je donne divers conseils pour le régler à l'avantage d'un Etat, & j'entre dans le détail de ce qui lui est nuisible; ce qui me fournit l'occasion de traiter la matiere de la monnoie & du crédit public, celle des chemins, des postes, de l'oisiveté, des mendians, des hôpitaux, des monopoles & des abus dans les achats & dans les ventes, de l'établissement des compagnies, du luxe & des loix somptuaires. J'examine, en même temps, comment on peut découvrir si le commerce est avantageux à un Etat, & jusqu'à quel point le change peut contribuer à cette découverte.

II. Le second moyen d'augmenter la puissance d'un Etat c'est d'avoir des troupes bien disciplinées & aguerries, & de bonnes forteresses pour le défendre. Ici j'ai occasion de parler de ce qui à rapport à la matiere de la guerre, des fondemens de celle qui est juste, & des vues que l'on doit avoir en se portant à une si funeste extrémité; des troupes réglées, de leurs armes; de la discipline militaire, de la conduite d'une armée, & des qualités d'un bon général; des munitions de guerre & de bouche; des forteresses & de leurs défenses. Comme la noblesse prend le plus souvent le parti des armes, j'ai renvoyé à cet endroit ce que j'avois à dire sur son sujet.

III. Les alliances & les traités avec les puissances étrangeres rendent encore un Etat redoutable. Je rapporte ici quelques réflexions sur les négociations publiques, & sur le caractére de ceux que l'on doit y employer.

IV. La marine mérite l'attention de toute puissance qui cherche à se distinguer par le commerce. Sans elle on court grand risque de rester dans un état de médiocrité. Il falloit donc en dire un mot, aussi bien que de l'agrandissement de la capitale, qu'on regarde comme une marque de grandeur & de puissance.

V. Enfin je termine cet ouvrage par la matiere des impositions qui constituent les finances. J'en fais voir la nécessité, pourvu qu'elles soient fondées sur l'équité & sur l'utilité de l'Etat. J'indique en même temps les abus qui naissent d'une distribution des redevances publiques inégale & disproportionnée, & les moyens qu'on pourroit employer pour la prévenir autant que la chose est possible.

Je me suis proposé surtout de donner les principes d'un bon gouvernement; mais quoique mon dessein n'ait pas été d'examiner à fond plusieurs questions qui ont rapport aux matieres dont on vient de faire l'énumération, j'ai cependant tâché de ne rien omettre d'essentiel; & même lorsque le sujet m'a paru l'exiger, je me suis étendu beaucoup plus que le titre de ce livre ne le demandoit. La plupart du temps je suis des guides si éclairés, que je ne crains pas de m'égarer avec eux. C'est aussi ce qui m'enhardit à communiquer ces réflexions au public. Et si j'ai le bonheur d'avoir son approbation, je pourrai lui donner encore un nouveau volume, dans lequel je rapporterai plus en détail le précis des règlemens les plus importans d'un Etat, & en particulier de ceux qui sont observés dans les pays soumis à la domination du Roi. J'ai trouvé non seulement un grand plaisir dans la méditation des principes & des sources des loix; mais j'ai encore éprouvé, par une heureuse expérience, que cette étude me rendoit mes devoirs faciles, tant comme particulier, que comme personne publique, obligée par ses divers emplois, à consacrer la plus grande partie de son temps aux affaires. J'en ai conclu qu'en rassemblant en un seul corps les principes & les sources des loix & des maximes d'Etat les plus intéressantes, un tel ouvrage pourroit être utile.

J'ai tâché de traiter les matières avec ordre, sans cependant m'astreindre à une méthode scrupuleuse, qui y auroit répandu une trop grande sécheresse. J'ai cru qu'il suffisoit d'avoir fait précéder les vérités simples, & les règles générales & incontestables d'où dérive tout ce qui est établi dans le cours de l'ouvrage. Si mon travail ne paroît pas assez systématique, j'espere du moins quil pourra contribuer à former sur ce qui en fait l'objet, un système plus complet que ce qui a paru jusqu'à présent. On trouvera peut-être que mon ouvrage a beaucoup de rapport avec quelques uns de ceux qui ont paru depuis quelque temps; mais il suffit qu'il en differe à plusieurs égards, & qu'il supplée, dans quelques articles, à ce qui manque dans d'autres traités.

D'ailleurs chacun a son tour d'esprit, & sa maniere de présenter la vérité qui peut la faire recevoir avec plus d'empressement; il n'est donc pas inutile & superflu de travailler à répandre les maximes qui doivent rendre les hommes plus vertueux & meilleurs citoyens. Mes intentions sont bonnes, je ne cherche qu'à contribuer au bonheur du prochain, & je n'ai d'autre dessein que de faire un livre dans lequel on puisse trouver diverses réflexions solides, répandues dans un grand nombre de volumes différens. Je voudrois qu'il pût être lu avec fruit, & consulté avec succès dans les diverses occurences de la vie, surtout lorsqu'il s'agit de faire quelque démarche, d'où dépend le bonheur de la société. C'est à mes lecteurs à juger, si j'ai réussi dans mon entreprise. Et comme elle n'a rien que de louable, j'espere qu'en cette considération on aura quelque indulgence pour la maniere dont je l'ai exécutée.

Je dois reconnoître ici, que j'ai beaucoup profité de plusieurs bons ouvrages, qui ont paru depuis une vingtaine d'années sur le commerce, les fabriques, les monnoies & l'art de la guerre *b*).

Au reste j'indique la plupart du temps les sources où j'ai puisé les pensées que je me suis appropriées.

b) Sur cette matiere surtout dont je ne puis avoir que quelques notions générales, je m'en suis rapporté aux experts, & j'ai fait usage des réflexions excellentes que j'ai trouvées dans le *poëme sur cet art* & dans l'article des *Mémoires de Brandebourg* qui traite du militaire, lesquels ont pour auteur un grand maître dans l'art de la guerre, comme aussi dans les ouvrages de Puysegur, du Maérchal de Saxe, du Duc de Rohan, de Quincy &c.

TABLE

TABLE DES CHAPITRES.

TOME PREMIER,

contenant les principes de nos obligations naturelles.

Discours Préliminaire.

Chap. I. De la liaison qu'il y a entre la morale & la politique, & des sources qui nous conduisent à Dieu, l'auteur des loix naturelles. 1-14.

— II. Du but que Dieu s'est proposé en formant l'univers, & en particulier le genre humain. 15-17.

— III. Comment nous arrivons à la connoissance des perfections divines, & de la perfection à laquelle nous sommes appellés. 18-21.

— IV. De la nécessité de réunir les divers principes de nos obligations naturelles; & quelques considérations pour connoître la perfection à laquelle Dieu nous appelle. 22-28.

— V. Des facultés de l'ame, de son immatérialité, de sa liberté & de son immortalité. 29-39.

— VI. Du bonheur de l'homme inséparable de sa perfection. 40-43.

— VII. Des actions humaines; de la vertu & du vice; des motifs de nos actions; des récompenses & des peines. 44-51.

Chap. VIII. De la conscience. 52-57.
— IX. De la connoissance du cœur humain, & surtout de la connoissance de soi-même. 58-60.
— X. De l'application des divers principes pour juger de nos devoirs dans chaque état où la providence nous place. 61. 62.
— XI. De l'empire de l'homme sur les bêtes. 63.
— De la providence. 64.

TOME SECOND.

Première Partie.

Chap. I. De la société, de l'état de nature, & des maximes générales de toute société politique. 65-88.
— II. De la société conjugale. 89-94.
— III. De la société entre les peres & les meres & leurs enfans, & de l'éducation. 95-118.
— IV. De la société entre les maîtres & les domestiques. 119-133.
— V. De la prudence. 135-136.
— VI. De la société politique, & des diverses formes de gouvernement. 137-149.
— VII. Du souverain, de ses fonctions, & de l'harmonie qui doit régner entre lui & ses sujets. 150-165.
— De la maison du souverain. 166-179.

Chap.

Chap. IX. Du confeil d'Etat, de ceux qui y font admis, & de leurs départemens. 170-197.
— X. Des différens ordres de citoyens, & des divers régîtres néceffaires pour fe mettre au fait, tant du nombre des fujets & de leur fituation, que de la nature du pays, de fon étendue, de fes productions & de fes fabriques, comme auffi de la population. 198-214.
— XI. Des loix, des peines, & des récompenfes. 215-253.
— XII. De l'éducation publique, & des divers moyens d'éclairer & d'inftruire les citoyens, & de les porter à la pratique de la vertu. 254 - 307.
— XIII. De l'adminiftration de la juftice, & de ceux qui y font employés. 308-331.
— XIV. De la police, & des divers arrangemens qu'elle prend, tant pour la fureté que pour la commodité & l'agrément des citoyens. 332 - 363.

TOME SECOND.

SECONDE PARTIE.

Chap. I. Des divers moyens de rendre un Etat riche & puiffant, & en particulier du commerce & de fes deux fources, l'agriculture & l'induftrie. 364-407.

TABLE DES CHAPITRES.

Chap. II. Des divers objets du commerce, & des maximes à obferver pour le faire fleurir. 408-454.

— III. Des obftacles à la profpérité du commerce, & de la protection qu'il faut accorder aux marchands. 455-514.

— IV. Des moyens de connoître les progrès du commerce, & en particulier du change. 515-516.

— V. Des armées, des fortereffes & de la guerre. 517-586.

— VI. De la nobleffe. 581-587.

— VII. Des alliances & des traités avec les puiffances étrangeres, & de ceux qui font employés dans les négociations. 588-599.

— VIII. De l'agrandiffement de la capitale. 600.

— IX. De la marine. 601.

— X. Des finances, des fubfides, & des différentes manières de les lever. 602-620.

DISCOURS PRÉLIMINAIRE.

En donnant à mon ouvrage le titre de *Principes d'un bon Gouvernement*, mon dessein n'a pas été de me borner uniquement aux motifs qui doivent animer les souverains & les ministres qui sous eux sont appellés à gouverner les peuples. Je souhaite que tout homme qui cherche son bonheur, dans quelque situation qu'il se rencontre, y trouve des principes de conduite capables de le faire arriver à la félicité qu'il désire, & qu'il peut se promettre, tant dans cette vie que dans celle qui est à venir, indépendamment même des vérités de la religion révélée. J'embrasse en quelque sorte toutes les parties de la philosophie pratique; mais ce qui peut justifier le titre de mon ouvrage, c'est que je m'étendrai le plus sur celle qui a pour objet de rendre les citoyens heureux, &

de faire fleurir les Etats. Au reste, les principes d'une saine politique dérivent de ceux de la morale, & il est nécessaire pour bien gouverner d'en être vivement pénétré. Je crois donc remplir mon but, en remontant jusques à la source de tous nos devoirs. J'ai renfermé mes idées dans des réflexions qui bien que détachées, ont cependant quelque liaison entr'elles. Mais pour la rendre plus sensible, il me paroît à propos de traiter dans ce discours,

I. Des principes du droit de la nature;

II. Du danger qu'il y a d'admettre l'amour de nous-mêmes pour principe général & unique de nos obligations;

III. De la nécessité de réunir divers principes des loix naturelles, &

IV. Des limites des sciences qui font partie de la philosophie pratique, ou qui en découlent.

I.

Des principes du droit naturel ou droit de la nature.

Je prends ici le *droit naturel ou droit de la nature* dans la signification la plus étendue, & j'entends par là toutes les loix naturelles dont l'observation est nécessaire pour conduire l'homme au bonheur dont il est susceptible, & à la connoissance desquelles il parvient par les seules lumières de la raison.

PRÉLIMINAIRE.

La signification la plus ordinaire qu'on attache au mot de loi, est celle d'une ordonnance ou d'une règle prescrite par un être intelligent qui a droit de la donner, & d'exiger que ceux qui lui sont soumis, fassent ou ne fassent point certaines actions, afin qu'il puisse obtenir la fin qu'il se propose. La loi est presque toujours accompagnée des motifs qui doivent engager à son observation.

Ainsi le mot de loi renferme diverses idées; 1. celle d'un supérieur en droit de commander; 2. celle d'une règle par laquelle il prescrit certains devoirs; 3. celle du but qu'il se propose en la publiant; 4. celle des motifs dont il l'accompagne; & enfin 5. celle des sujets qui sont appellés à l'observer. On y distingue très clairement l'autorité & le droit du supérieur, de la loi qu'il donne, aussi bien que des motifs dont il l'appuie. S'agissant donc de la loi naturelle, de cette loi par rapport à laquelle on ne peut admettre d'autre supérieur que Dieu, je me suis souvent étonné comment des philosophes qui reconnoissent son existence, ont pu refuser d'admettre sa volonté comme le principe de nos obligations naturelles. *a*)

Quoiqu'on s'opiniâtre à chercher un principe assez général pour être applicable à tous les cas dont la décision intéresse nos obligations naturel-

---

a) Voyez à la suite de ce discours quelques réflexions plus détaillées encore sur les principes de nos obligations naturelles, & en particulier sur celui de la volonté de Dieu.

les, on veut que celui de la volonté divine le foit trop, & qu'il ne caractérife pas affez la fcience du droit de la nature. On ne peut néanmoins ignorer qu'il s'agit de la volonté de Dieu, en tant qu'elle prefcrit des devoirs aux hommes par les feules lumières de la raifon. On fait plus encore, on détache de l'idée de la volonté de Dieu la fageffe & la fainteté, comme fi ces perfections pouvoient en être féparées autrement que par des abftractions de l'efprit. On ne peut entendre par la volonté de Dieu qu'une volonté fage, jufte, fainte, bonne, & toute parfaite. L'idée d'une loi éternelle qui feroit diftincte de la volonté de Dieu eft donc une pure chimere, & nous ne pouvons avoir la moindre notion de cette loi éternelle que nous plaçons par la penfée dans l'entendement divin, que par les traces qu'il a plu à Dieu d'en imprimer dans fes ouvrages & dans nos cœurs. Ce n'eft qu'autant que nous pouvons y découvrir fa volonté & fes defleins, que nous avons quelque idée de fa fouveraine perfection. Ne diroit-on pas qu'en parlant de la loi éternelle, quelques uns fe repréfentent Dieu comme un artifte qui ne fauroit faire un chef-d'œuvre, qu'il n'ait devant les yeux un modèle de l'art propre à le diriger dans fes opérations? Cette notion ne convient nullement à l'idée de la fouveraine intelligence, qui veut & agit toujours en conformité de fes propres lumières. On ne peut entendre par l'effence des

choses & par leur perfection, avant leur existence, que l'idée que s'en est formée la sagesse
éternelle dans l'entendement divin. Or le Dieu
qui conçoit est le même être qui veut. Différent des hommes qui par de mauvaises habitudes se mettent souvent dans l'impossibilité de suivre les lumières de leur esprit, Dieu ne peut
vouloir que ce qu'il regarde comme un bien, de
même qu'il ne peut regarder comme un bien
que ce qu'il veut. Demander si Dieu veut le
bien, parce que c'est le bien, & s'il peut vouloir le mal, c'est demander si Dieu est Dieu, si
l'être tout parfait est parfait ou capable d'imperfection. D'ailleurs si les idées qui sont dans
l'entendement divin y étoient toujours restées,
& qu'il n'eût pas plu à Dieu de nous en rendre participans, à quoi cela nous auroit-il servi?
Il faut par conséquent avoir recours à sa volonté, traçant dans nos cœurs les idées du vrai
& du faux, du bien & du mal, du juste & de
l'injuste. A la bonne heure qu'on envisage les
loix de Dieu pour un moment, sans faire attention à sa volonté, en tant quelles sont conformes aux notions qu'il en a gravées dans nos
cœurs; mais qu'on se garde d'abuser d'une abstraction de l'esprit qui considere comme sépa-
rées des choses qui ne sauroient jamais l'être, &
qui ne peut changer la nature de la volonté de
Dieu. Il faut aussi remarquer que lorsqu'il
s'agit de loi, l'idée d'un supérieur qui veut être

obéi, est plus conforme au langage naturel & ordinaire.

Quand donc on dit que la volonté divine est le principe du droit de la nature, on prétend que c'est Dieu qui en est la source & l'auteur, qu'il nous a prescrit des loix que nous pouvons connoître par les seules lumieres de la raison, & qu'il nous impose l'obligation d'y conformer nos actions. Or s'il existe effectivement un être suprême; s'il est vrai qu'il nous ait donné des loix; s'il veut que nous nous y soumettions; s'il est notre supérieur; & qu'il ait l'autorité de nous en prescrire; si par les seules lumières de la raison nous pouvons connoître sa volonté; il n'est pas douteux que cette volonté ne soit le principe le plus solide de nos obligations.

Je suppose ici l'existence de Dieu, parce que dans le corps de l'ouvrage je rapporte diverses considérations, qui me paroissent la mettre hors de doute. La preuve de cette vérité est d'ailleurs si sensible, & tellement à la portée de l'homme que le sauvage qui a le moins cultivé sa raison, en apperçoit d'abord la liaison avec les premières vérités qu'il ne peut s'empêcher d'admettre; & de là vient aussi que plusieurs de ceux qui rejettent les idées innées, regardent l'existence de Dieu comme une notion *quasi innée*, qui se développe en nous dès que nous pouvons faire usage de la raison.

Il n'eſt pas moins évident que Dieu a donné des loix aux hommes. La difficulté que l'on peut former à ce ſujet, eſt priſe de ce que toute loi doit être publiée, afin que l'intention du légiſlateur étant connue, & l'entendement inſtruit, la volonté puiſſe ſe déterminer en conſéquence. La loi doit donc être claire, intelligible, & publiée dans une langue qui ſoit connue à tous ceux qui ſont tenus de la prendre pour règle de leur conduite. Or peut-on dire que tout cela ſe rencontre dans les loix naturelles? Mais j'ai fait voir dans mon ouvrage que ſans prononcer des paroles, ni employer l'écriture, on peut faire connoître ſa volonté en pluſieurs manières. Auſſi la raiſon apperçoit-elle manifeſtement les vues & les deſſeins de Dieu dans ſes ouvrages. Lui qui eſt la perfection même, auroit-il fait l'homme capable de connoître le bien, & d'agir avec choix pour qu'il ſe déterminât aveuglément & ſans choix, comme les brutes? Quelle idée de Dieu! Mais il ne faut qu'ouvrir les yeux, & ſuivre les impreſſions du cœur, pour appercevoir dans la nature l'intention de l'être ſuprême, & les règles qu'il nous a preſcrites.

Dieu nous ayant donné des loix, on ne peut donc s'empêcher d'en conclure qu'il a auſſi voulu que nous les obſervaſſions. Il ne ſeroit pas Dieu, c'eſt à dire, un être ſage, s'il en étoit autrement. Nous avons d'ailleurs, dans notre conſcience, des preuves parlantes de cette vérité.

Les payens mêmes l'ont reconnue: „Il est bien „clair, dit Ciceron, que les fages n'ont point „regardé la loi comme l'ouvrage du génie des „hommes, ni comme une ordonnance des peu„ples, mais comme une fageffe éternelle par la„quelle le monde eft gouverné, & qui ordonne „tant les actions qu'il faut faire, que celles qu'il „ne faut pas faire.„

On ne peut pas non plus douter de la fupériorité de Dieu. C'eft lui qui nous a créés. Nous dépendons de lui, & par conféquent il a pu, en nous donnant l'être, nous affujettir aux conditions qu'il nous a impofées. Quand on examine d'où dérive l'autorité d'un fouverain, indépendamment du but qu'il doit fe propofer, on a uniquement égard aux actes par lefquels elle lui eft acquife, tel qu'eft l'élection dans les royaumes électifs, & dans les autres la naiffance fondée fur un confentement tacite ou exprès des peuples. Ainfi tant l'acte de la création, que celui de la confervation, nous mettent dans une dépendance abfolue de Dieu, & fondent le droit qu'il a de fe faire obéir. Il eft vrai que fa fouveraine bonté ne lui permet pas de nous donner d'autres loix que celles qui contribuent à notre vrai bonheur; mais c'eft là un nouveau motif d'obéiffance: cependant comme fes perfections infinies font inféparables, rien n'empêche de regarder le droit que Dieu a de prefcrire des loix aux hommes, comme une suite de sa sagesse, de sa bonté, & de sa puissance réunies.

Reste à savoir par quels moyens l'on peut parvenir à connoître sa volonté, en tant qu'elle nous prescrit des loix par les seules lumières de la raison. C'est sur quoi roulera une bonne partie de ce discours.

Si l'on entend par principe du droit de la nature, comme on le doit, (*principium essendi*) la cause efficiente des loix naturelles, leur origine & la source de l'obligation qui en résulte, il faut convenir qu'elles viennent de Dieu, & que c'est sa volonté qui en est le vrai principe.

A la vérité quelques uns entendent par *principe* le motif qui nous détermine; mais ce n'est pas dans ce sens qu'il faut ici prendre ce mot; je vais tâcher de rendre la chose sensible. Lorsque les hommes se sont unis en société, & que des familles éparses, voulant former un Etat, ont consenti à se donner un maître qui les gouvernât, le motif a été pris des inconvéniens de leur situation & des avantages qu'elles se sont promis de la sagesse du souverain qu'elles s'étoient choisi: mais ce motif n'étoit pas le droit acquis au souverain par la convention & par leur soumission volontaire. Le terme *d'obligation* est corrélatif à celui *d'autorité & de droit de commander*, comme le mot de sujet répond à celui de *roi* ou de *souverain*. L'un emporte l'autre. Par conséquent autre chose est l'autorité, &

autre chose le motif qui nous engage à la reconnoître.

On prend encore le mot de *principe* dans un autre sens, & l'on entend par principes *du droit de la nature* les moyens ou les voies par lesquelles nous parvenons à la connoissance des loix naturelles *(principium cognoscendi)* c'est à dire, suivant Burlamaqui, „ces vérités, ou ces „propositions primitives par lesquelles nous „pouvons effectivement connoître quelle est la „volonté de Dieu à notre égard.„

Dans ce sens il est vrai que de ces principes les uns sont plus satisfaisans, & plus propres au but que l'on se propose, que les autres.

La plupart des philosophes qui ont traité du droit naturel, ont cru qu'il étoit nécessaire de réduire tout à un même principe, dans le sens dont on vient de parler. Ils se sont flattés de pouvoir trouver une règle générale qui étant admise de tout homme qui fait usage de sa raison, sans qu'il soit besoin de la prouver par aucune autre vérité du droit de la nature, fût suffisante pour en déduire toutes nos obligations naturelles; mais leur propre expérience doit les avoir convaincus de l'insuffisance de ces règles uniques, quoiqu'assez générales, qu'ils ont regardées comme des premiers principes des loix de la nature. Ces règles ne doivent renfermer ni plus ni moins que ce qui fait l'objet du droit naturel; mais comme ils ont pris le droit naturel dans un sens plus ou moins étendu, qui ne voit qu'ils ont du admettre nécessairement divers principes? D'ailleurs quel avantage résulte-t-il de l'unité d'un premier principe? On se persuade d'avoir, parce moyen, un fondement plus assuré & plus inébranlable, comme aussi de rendre la science du droit naturel plus systématique, en formant une chaîne de conséquences qui tiennent toutes à un premier chaînon. Mais, comme je viens de l'insinuer, c'est peine perdue: ces savans se forgent des entraves sans nécessité, par la raison que la connoissance de tous nos devoirs ne s'acquiert pas par une seule & même règle, & qu'il est nécessaire de consulter & de comparer ensemble les divers principes que toutes les personnes de bon sens admettent, & qui se prêtent un mutuel secours. Quant au second avantage qu'on croit obtenir d'un seul premier principe, je demande si l'ordre des mathématiciens n'est pas systématique, quoiqu'ils posent divers axiomes, & admettent différentes définitions. A quoi bon, dans le fond, s'arrêter à prouver qu'une proposition évidente par elle-même est le principe le plus général? Ne suffit-il pas qu'on ne puisse la contester, & que l'adversaire que l'on veut combattre en reconnoisse l'évidence, pour qu'il soit obligé d'admettre les conséquences qui en découlent. Il importe d'autant moins de s'en tenir à un seul principe qu'il est connu par l'expérience, que bien que les premières vérités soient reçues de tout homme qui a le bon sens, elles ne laissent pas d'être plus ou moins sensibles, suivant qu'on connoît plus ou moins de rélations qu'on puisse comparer ensemble. C'est dans ce sens qu'on peut dire qu'un homme admet plus de premières vérités qu'un autre. Ainsi, en se bornant à une seule règle, on court risque, à l'égard de plusieurs, de manquer le but qu'on se propose, de les convaincre de la nécessité d'observer toutes les loix naturelles. C'est donc, comme dit Burlamaqui, un travail assez inutile que de vouloir tout ramener à cette unité de principes.

Voyons à présent quels sont les premiers principes ou les moyens de connoître la volonté de Dieu, en tant qu'elle nous prescrit des devoirs à remplir par les seules lumières de la raison, & sans le secours de la révélation; quoiqu'il faille avouer que celle-ci nous sert beaucoup à tirer un meilleur parti de la raison que nous n'aurions fait sans elle.

Les caractères des premiers principes sont d'être vrais, simples, clairs, suffisans & propres à nous faire connoître les loix naturelles. Il faut donc que les propositions que l'on admet comme des principes ou des premières vérités, ayent ces divers caractères.

Deux facultés nous ont été données pour découvrir ces vérités, une lumiere intérieure qui nous éclaire ou la *raison*, & un *sentiment* que quelques moralistes appellent *instinct* ou *sens moral*.

Tous les êtres sont entr'eux dans de certains rapports qui découlent de leur essence & de leurs propriétés, dont plusieurs sont très faciles à saisir. Dieu est l'auteur de toutes ces choses & de l'ordre qu'il veut être observé entr'elles, aussi bien que de la raison qui nous le fait appercevoir: & en nous rendant capables d'en porter un jugement, il nous montre quelle conduite il nous convient de tenir en conséquence. Dès que l'homme a des idées de ces choses, & qu'il a l'usage libre de la raison, il en juge pertinemment. Comme il connoît, par exemple, qu'une maison sert d'habitation, que l'œil est fait pour voir, & l'oreille pour ouir, il conçoit que la société ne sauroit subsister dans le désordre; qu'un inférieur doit obéir à son supérieur; qu'on doit aimer ceux qui nous font du bien &c. Nous pouvons donc, par l'examen des ouvrages de Dieu, & surtout de la nature de l'homme, de sa constitution, de ses facultés, apprendre sa destination & les devoirs auxquels il est appellé: c'est à dire, que nous pouvons nous mettre au fait de l'ordre qui doit régner dans la nature, & de la volonté de celui qui a formé le genre humain d'une façon plutôt que d'une autre, afin qu'il répondît aux vues qu'il a sur lui. Plus l'homme cultive sa raison, plus il connoît de rélations dans les divers êtres, & plus son discernement se perfectionne, & le met en état de juger des vues du créateur. La raison, il est vrai, voit les rapports de mille choses, indépendamment de l'idée de Dieu : elle juge de leur perfection jusques à un certain point, mais très imparfaitement ; & pour le faire d'une manière, qui convienne à l'homme capable de connoître l'auteur de son existence, il faut qu'il y joigne l'idée des souveraines perfections de cet être adorable. C'est la meilleure règle que nous ayons pour porter de cet être, & de ses ouvrages, un jugement qui soit digne de lui.

On connoît donc la nature des ouvrages de Dieu, non seulement par ce que l'expérience nous en apprend, mais encore par les considérations tirées de la nature toute parfaite de l'auteur de l'univers, & de tout ce qu'il renferme. La réunion de ces deux voies peut seule produire un systême solide du droit naturel.

Il faut remarquer qu'entre les ouvrages de la nature, il y a des créatures, qui se meuvent par un instinct aveugle, & d'autres qui agissent librement, & se déterminent par choix ; de sorte que dans l'examen de la nature, nous devons bien distinguer ce qui est la production des êtres bornés de ce qui est proprement l'ouvrage de Dieu. Les productions des êtres bornés doivent se ressentir des limites dans lesquelles ils sont renfermés. Voici donc quels sont les caracteres des ouvrages de Dieu, propres

pres à nous découvrir sa volonté. Ce sont
I. des ouvrages qu'il a faits lui-même, ou par le ministere des hommes quand ils sont conformes à ses vues;

II. ce ne sont donc pas des ouvrages que les hommes font contre sa volonté;

III. les ouvrages de Dieu qui doivent servir à régler notre conduite, sont à notre portée;

IV. ils sont dans l'homme aussi bien que hors de lui, & ne peuvent être ni inutiles ni contradictoires;

V. ils sont propres à nous faire appercevoir les desseins de Dieu, & contiennent des marques claires & évidentes auxquelles on peut les reconnoître;

VI. ils sont stables & permanens, &

VII. dans une constante harmonie entr'eux. D'où il résulte qu'il faut soigneusement les comparer les uns avec les autres pour en développer d'autant mieux les rapports, & en déduire le droit de la nature.

De même que l'on ne peut juger si le poids, l'aunage, la mesure sont justes qu'autant qu'on peut s'assurer que les poids, les aunes, & les mesures qu'on a employés, sont conformes aux étalons que l'on garde dans les bureaux des villes, & qui doivent servir de règles de comparaison: de même l'on ne peut juger qu'une action est bonne ou mauvaise, juste ou injuste, qu'autant qu'il existe des règles qui fassent connoître quelles sont les actions qui sont bonnes ou mauvaises, justes ou injustes, dans les différentes circonstances où l'homme peut se rencontrer.

Je pourrois rapporter ici les diverses règles que la raison déduit de ce que je viens d'établir, si je n'avois une occasion plus convenable d'en faire l'énumération, lorsque je parlerai de la réunion des divers principes des loix naturelles.

Un second moyen de nous rendre sensible la différence qu'il y a entre le bien & le mal, la vertu & le vice, c'est, ai-je dit, *l'instinct* ou le *sens moral*.

La raison fondée sur l'expérience forme des idées générales, dont elle tire les conséquences qui en résultent, & qui nous font appercevoir cette différence; mais on éprouve quelque chose de plus qu'un simple jugement à la vue d'une action vertueuse ou malhonnête. Le jugement qu'en porte notre raison est accompagné de satisfaction ou de déplaisir, suivant que l'action est digne de louange ou de blâme. Or la raison nous représente simplement les objets, & en juge; mais elle ne les rend pas agréables ou désagréables par eux-mêmes. C'est donc par un sentiment immédiat que nous sommes affectés dans ces occasions: sentiment qui ne dépend pas de nous, & ne peut être entierement déraciné de nos cœurs. De quelque nom qu'on l'appelle, il ne paroît différer de la conscience qu'en tant qu'il n'a aucun rapport particulier avec nos propres actions. C'est un rayon émané de la sagesse infinie, qui en nous rendant capables de distinguer l'ordre & l'harmonie d'avec le désordre & la confusion, la justice & la vertu d'avec l'injustice & le vice, excite en nous ces divers sentimens. Lorsque le *sens moral* est appliqué à notre propre conduite, & que nous avons lieu de nous approuver, il nous remplit d'une douce joie: mais lorsque nous manquons à nos obligations, & que nous ne pouvons nous empêcher de nous condamner nous-mêmes, aussitôt la tristesse s'empare de nous; & notre ame est livrée aux remords & à des frayeurs mortelles. Voilà la *conscience*, que l'on parvient quelquefois à endormir pour un temps, mais qui se réveille tôt ou tard. Je ne puis en donner une description plus intéressante & plus pathétique que celle de Mr. Rousseau, lorsqu'il s'écrie dans son Emile: „conscience, conscience, in-„stinct divin, immortelle & céleste voix, guide „assuré d'un être ignorant & borné, mais in-„telligent & libre, juge infaillible du bien & du „mal, qui rends l'homme semblable à Dieu: „c'est toi qui fais l'excellence de sa nature & „la moralité de ses actions. Sans toi je ne sens „rien en moi qui m'élève au dessus des bêtes „que le triste privilège de m'égarer d'erreurs „en erreurs, à l'aide d'un entendement sans rè-„gle, & d'une raison sans principe: Ce que Mr.

Rousseau dit ici de la raison, représente en effet la situation de tout homme qui néglige de s'éclairer à la lumiere de l'Evangile. Puisse sa conscience lui faire sentir quelque jour combien il a fait de mal à la société, par les doutes qu'il a répandus sans nécessité contre la religion, & dont les incrédules abusent pour tâcher de l'ébranler, s'ils le pouvoient, quoiqu'elle soit le plus ferme appui des royaumes & des républiques, comme il semble le reconnoître lui même!

Ce sentiment que l'homme a de la vertu & du vice, ce langage du cœur, n'est point l'ouvrage de l'éducation, de la réflexion, ni du commerce que nous avons avec les autres hommes. Ce n'est point un effet de ses préjugés, de ses préventions, ni de ses foiblesses. C'est un sentiment naturel, & pour ainsi dire, un goût que nous avons indépendamment de notre volonté, & de l'avantage ou du préjudice que nous recevons d'une action, & même malgré les efforts que nous faisons pour en empêcher l'impression. Il n'y a point de climat, d'opinion, ni de coutumes qui puissent l'effacer de nos cœurs, pourvu qu'ils soient dégagés des passions violentes qui éteignent tout sentiment en nous. Si l'on fait bien attention à l'esprit des coutumes & des usages de quelques peuples qui y paroissent contraires, on se convaincra facilement que ce ne sont que des modifications, ou de fausses applications des principes approuvés & reçus par tous les peuples. D'ailleurs, comme à force de raisonnemens on parvient à perdre le sens commun, il se pourroit qu'à force de subtilités, ou par l'effet d'un grand endurcissement, un cœur corrompu réussiroit à étouffer la voix de la nature: mais ce seroit là un monstre moral qui ne tireroit pas plus à conséquence que ne font les monstres dans le monde physique.

Une action qui répond à l'idée que nous avons d'une conduite généreuse & magnanime, entraîne notre suffrage, & nous ravit en admiration, pendant que les actions opposées nous révoltent, & nous affligent. Nous ne pouvons refuser notre approbation à ceux qui animés de l'amour de la patrie s'oublient eux-mêmes, & se sacrifient pour le bien public, tandis que ceux qui se font le centre de toutes leurs démarches, & qui ramenent tout à eux-mêmes, excitent contr'eux l'indignation de tous les hommes. Quel est le cœur assez dur pour voir de sang froid un homme souffrant injustement, quel que soit l'avantage qui nous revienne de l'injustice qu'on lui fait? Qui pourroit supporter, sans émotion, la vue d'un ingrat opprimant son bienfaiteur, ou celui d'un scélérat, d'un tyran, se plaisant à tourmenter ses semblables?

Pour peu qu'on réflechisse sur les jugemens que les hommes portent des actions qu'ils admirent, on se persuadera que le fond de l'admiration est dans la bienveillance qu'ils croient y appercevoir, & que sans cette bienveillance il n'y a point de vraies vertus. D'où l'on est autorisé à conclure que de l'aveu de tous les hommes, l'affection pour ses semblables se trouve dans un cœur droit & noble, & qu'en faisant ses délices elle contribue au bonheur du genre humain, dont notre amour propre est l'ennemi mortel. L'histoire, la poësie, la peinture, la sculpture, & l'éloquence nous fournissent mille traits de l'impression vive & agréable qu'ont fait, de tout temps, sur les cœurs de tous les hommes, les actions qui ont eu pour principe la bienveillance universelle; mais quelle influence n'a-t-elle pas sur le bonheur des Etats?

On a vu, jusques à présent, comment la raison, jointe au sentiment, nous conduit à la connoissance de nos devoirs. En effet, la simple convenance des relations que la raison découvre dans la nature, nous auroit laissés dans l'indifférence & dans l'inaction. Il falloit quelque chose de plus pour nous porter à agir. Cependant, & la raison, & le sentiment n'ont guere de pouvoir sur un esprit prévenu de quelque passion, & uniquement occupé de son individu.

C'est ce qui me conduit à la discussion de la seconde partie de ce discours où je dois traiter

II.

De l'amour de nous-mêmes, & du danger que l'on court en le prenant pour principe général & unique de tous nos devoirs.

Je conviens d'abord que l'amour de nous-mêmes est incontestablement un des principaux ouvrages de Dieu, qui nous sert à reconnoître sa volonté, & ses vues bienfaisantes sur nous. Si l'on devoit entendre, par principe de l'obligation naturelle, le motif le plus général, celui auquel tous les autres se rapportent pour l'ordinaire, on ne pourroit disconvenir que ce ne fût l'amour de nous-mêmes. Mais comme on l'a déja dit, ce seroit confondre le mot de *principe* avec celui de *motif* qui en diffère réellement. Cela est si vrai qu'un homme sans autorité peut me présenter, pour m'engager à agir, les mêmes motifs que le souverain, sans que je sois obligé de faire ce qu'il exige de moi. Et d'ailleurs les partisans de l'amour de nous-mêmes avouent qu'il ne sauroit être un motif louable qu'autant qu'il est éclairé, & bien réglé: il est donc subordonné à d'autres règles, & il ne peut par conséquent être regardé comme le premier principe, le principe général; puisque pour juger des bornes dans lesquelles il doit se renfermer, il faut avoir recours à d'autres règles & à d'autres principes.

Si l'amour de nous-mêmes, ou l'utilité qui nous revient d'une action, devoit être le seul principe de nos obligations, cacheroit-on, aussi soigneusement qu'on le fait, les vues d'intérêt qui nous font agir, & qui sont si souvent, à la honte du genre humain, les ressorts secrets de nos démarches? On ne le fait par aucune autre raison, que parce qu'on est intimément convaincu qu'il est louable de se déterminer par des vues désintéressées, ou du moins que toute action dans laquelle il n'entre aucun motif d'affection, soit envers Dieu, soit envers ses semblables, est vicieuse; au lieu que suivant le système que je combats, il n'y auroit ni vertu ni vice avant l'idée de l'utilité: on est donc fondé à conclure que l'amour de nous-mêmes n'est tout au plus qu'une chose innocente, lorsqu'il n'est pas en opposition avec le bien général de la société; mais qu'il n'est louable que lorsqu'il agit de concert avec la bienveillance pour ses semblables. Aussi le plus haut degré de perfection dans l'homme est lorsque la bienveillance universelle l'emporte sur l'amour de nous-mêmes, & que l'on est capable de faire le bien contre ses propres intérêts.

Le désir d'être heureux est invincible dans l'homme; cela n'est pas douteux: & il ne seroit pas possible de l'engager à l'obéissance aux loix, s'il étoit persuadé qu'il sera éternellement malheureux en s'y soumettant: ce qui, au reste, ne peut tomber dans l'esprit d'un homme qui fait usage de la raison. Car ce seroit une contradiction manifeste en Dieu, de mettre dans l'homme des désirs pour le bonheur, & de prétendre qu'il n'en tint aucun compte. Mais ce n'est pas là ce dont il s'agit. La question est de savoir quel est le motif qui doit principalement déterminer une créature raisonnable, & dépendante d'un être souverainement sage. Si nous faisons attention à ce qui se passe en nous, lorsque nous nous déterminons à une action par choix & avec réflexion, nous trouverons qu'il se présente souvent divers motifs pour nous engager à la faire. Nous approuvons les uns, & nous avons honte des autres, tout en suivant leur impression. Or pouvons-nous douter un moment que *b*) le motif le plus noble, le plus

---

b) Le motif le plus raisonnable, le plus agréable à Dieu est sans contredit celui de lui témoigner notre obéissance & notre soumission. Cela est si vrai que lorsqu'il est évident qu'il a parlé, on doit s'en rapporter uniquement à sa volonté; elle nous impose l'obligation de faire l'action qu'il a prescrite, quand même nous ne sentirions pas toute la justice de ce qu'il nous ordonne, & que nous croirions y appercevoir quelque chose de nuisible. Car il est juste de s'en rapporter à celui qui fait tout avec sagesse. Et d'ailleurs une ame qui aime vraiment Dieu, ne pense pas même aux avantages qui lui reviennent de son obéissance: elle s'anéantit en sa présence, & bien loin de croire qu'elle mérite des distinctions & des récompenses que l'amour-propre se croit dues, elle ne redoute rien tant que l'orgueil & la vanité qu'il produit en nous. Ce seroit donc en général un très mauvais guide que celui de l'amour

digne de Dieu & de l'homme, ne soit le désir de plaire à cet être suprême, & qu'il ne soit beau d'aimer la vertu pour elle-même, indépendamment des avantages qu'elle nous procure. A la bonne heure, qu'on y joigne ensuite le sentiment du plaisir qu'excite dans une ame bien née la vue de la perfection, quoique ce ne soit pas ce qui nous détermine ordinairement. Car nous goûtons, par exemple, du plaisir dans la satisfaction de nos amis; mais ce n'est pas pour jouir de ce plaisir que nous y contribuons; un sentiment plus vif nous y porte. Il en est de même d'une ame compatissante qui vole au secours d'un malheureux. Si ce n'étoit que le plaisir qui dût la retenir auprès de l'infortuné

de nous-mêmes, & la religion nous montre le danger que l'on court, en suivant uniquement ses impressions.

On pourra m'objecter que les réfléxions par lesquelles je combats ce principe, n'attaquent que *l'amour propre*, & non *l'amour de nous-mêmes*, qui se prend toujours en bonne part; mais on ne doit pas perdre de vue qu'il s'agit ici de ces moralistes qui n'entendent par *amour de nous-mêmes* que cet amour que l'on conçoit par abstraction, détaché de l'amour de Dieu & de la bienveillance pour ses semblables. Car s'ils entendent par amour de nous-mêmes cet amour qui proportionne ses sentimens à la nature des choses, & qui mettant Dieu au premier rang ne se place soi-même qu'au second, & est inséparablement accompagné de la bienveillance envers les autres hommes, je dis que dans ce cas leur sentiment ne diffère du mien tout au plus que dans les termes: mais j'ajoute qu'ils ne peuvent aussi regarder *l'amour de nous-mêmes* comme le principe unique & général de nos obligations, puisque de leur propre aveu il est subordonné à l'amour de Dieu.

qui a besoin de son assistance, elle l'abandonneroit bientôt. C'est ainsi qu'en usent ceux que l'amour propre, & la crainte du danger rendent si circonspects dans ces occasions. Mais l'homme réellement vertueux, & porté à soulager les malheureux par les sentimens du devoir, de la compassion, & de la perfection tout-ensemble, surmonte le dégoût, & s'expose courageusement au désagrément & au danger inséparable des secours qu'il continue à leur rendre. Sans ces sentimens nous nous rangerions toujours du parti qui favoriseroit notre goût & nos intérêts. Mais personne ne regarde d'un même œil ces différens procédés. L'exemple qui suit peut servir à éclaircir cette matière. Un meurtrier de guet-apens assassine mon plus proche parent, & me procure par cette action un héritage qui me seroit également échu, si quelque autre l'eût tué par un malheur dont il seroit le premier à gémir. Envisagerois-je de même œil l'une & l'autre action, quoique l'une & l'autre m'eussent fait parvenir à la succession de mon parent? Nullement: ce n'est donc pas notre intérêt que nous consultons dans les jugemens différens que nous portons des actions humaines. Ce n'est pas assurément en vertu des réflexions & des retours sur nous-mêmes, que nous avons horreur de la cruauté, de la trahison & de l'ingratitude, & que nous sommes touchés de la bonne foi, de l'humanité, de la reconnoissance, du désintéressement, de la générosité, de la grandeur d'ame, & de toutes ces vertus héroïques qui entraînent notre suffrage & notre admiration, même malgré nous. A la vue d'une belle action nous nous sentons portés à l'imiter, & il s'élève dans notre ame une secrète douleur, lorsque rentrant en nous-mêmes nous nous en trouvons incapables.

Si l'amour de nous-mêmes ou l'intérêt étoit le principe général de nos obligations, & la source unique de la vertu, il n'y auroit aucun homme vicieux; car tout le monde agit en vue d'un bien, & il n'y a personne à qui l'on ait à reprocher de ne pas chercher son utilité particuliere. L'homme le plus vicieux seroit celui qui s'aimeroit moins que les autres. Quel renversement d'idées! Il ne sert de rien de dire que le vicieux ne recherche pas les vrais biens, puisque pour en juger ce n'est pas l'amour de nous-mêmes qui peut servir de règle.

De plus pour agir vertueusement, il faut agir librement, & comme le désir d'être heureux ne dépend pas de nous, lorsqu'on ne fait que satisfaire à ce penchant, en cherchant son utilité, on ne peut être censé vertueux en cela; comme on ne peut pas dire qu'il y a de la vertu à manger quand on a faim, qu'autant qu'on le fait par raison, & pour se conformer à la loi qui ordonne sa propre conservation. Suivre son penchant peut donc être une chose innocente;

mais souvent il faut le combattre, & s'y opposer de toutes ses forces. La conscience le dit, au lieu qu'elle ne nous reproche pas de ne pas nous aimer assez. Quelle étrange opinion que celle qui autorise à faire tenir à Dieu ce langage bizarre & entierement contraire aux notions les plus communes: *O hommes dans toutes vos actions vous ne songerez qu'à vous, vous n'aimerez que vous, vous ne penserez qu'à votre avantage; les autres hommes, & Dieu même, vous seront parfaitement indifférens, & vous n'en tiendrez compte qu'autant qu'ils contribueront à votre félicité.*

Que ce langage ressemble peu à celui de l'abregé de la loi de Dieu: *Tu aimeras le seigneur ton Dieu de tout ton cœur, de toute ton ame & de toute ta pensée, & ton prochain comme toi-même.*

Ce n'est pas la religion seule qui nous fait connoître combien il est dangereux de se laisser aller aux sollicitations de l'amour de nous-mêmes, & combien il faut être en garde contre ses illusions, pour ne point confondre l'honnête avec l'utile. Si l'honnête étoit ce qui nous est utile, notre ame ne ressentiroit pas cette peine qu'elle éprouve en agissant contre l'honnêteté pour se procurer quelque avantage. Ciceron, tout payen qu'il étoit, remarque qu'il faut être scélérat, pour balancer entre l'honnête & l'utile, & pour n'être pas éloigné de toute mauvaise action, dût-elle être à-jamais cachée & secrète.

Lorsqu'on *c*) admire ces vertus qu'on peut surtout regarder comme l'ouvrage de l'amour de nous-mêmes éclairé & bien réglé, telles que la prudence, la tempérance, la constance, l'industrie, l'économie, l'application; ce n'est pas en tant que l'amour de nous-mêmes en est le fondement principal, & souvent unique, mais en tant qu'elles renferment un système de conduite bien lié & bien raisonné: admiration semblable à celle que nous accordons à un chef-d'œuvre de l'art qui montre le génie & l'adresse de l'artiste. Mais notre admiration est toute autre lorsque ces vertus sont accompagnées de la bienveillance pour ses semblables, & qu'on les fait tourner au bien de la société.

Il faudroit être bien novice dans le monde, & ignorer ce qui se passe dans le cœur de l'homme, pour ne pas voir combien il est facile que l'amour de nous-mêmes se change en amour propre, & que l'amour propre est le plus mauvais de tous les guides. Qu'on lise le tableau qu'en fait la Rochefoucault; il n'est que trop vrai, & caractérise parfaitement bien l'homme corrompu qui ne consulte que ses intérêts. Oui, l'amour propre est la source ordinaire de tous

---

c) Voyez *Juvenal. Sat. XIV.* où il dit:
        Adde quod hunc de
Quo loquor, egregium populus putat atque verendum
Artificem, quippe his crescunt patrimonia fabris.
Sed crescunt quocunque modo, majoraque fiunt
Incude assidua, semperque ardente camino.

les vices, & l'on ne peut se faire illusion au point de méconnoître combien aisément on peut se prévaloir, au préjudice de la société, d'un système bâti sur un fondement si contraire aux vertus sociales. L'amour propre est si aveugle, & si injuste que lorsque nous voulons juger sainement, & sans partialité, de nos actions, il faut faire une entiere abstraction de notre individu, & mettre les autres à notre place, pour empêcher que l'amour propre ne nous en impose.

Reconnoissons donc que nous ne pouvons admettre l'amour de nous-mêmes ou l'utilité particuliere, comme la règle générale & unique de nos devoirs. Car, par une suite de la corruption du cœur de l'homme, l'amour de nous-mêmes conduit à l'amour propre, & celui-ci se préfère à tous, & n'est jamais content à moins qu'il n'obtienne la préférence; de façon qu'en adoptant ce principe, il faudroit soutenir que l'intérêt particulier étant le fondement de l'intérêt général, & le motif qui doit nous engager à procurer le bien public, ce dernier doit le céder au premier, comme lui étant subordonné. Si nous n'avions point d'autre principe, il n'y auroit que division & que guerre dans le monde, & les guerres seroient même légitimes de part & d'autre. Chacun seroit en droit de s'emparer de ce qui seroit à sa bienséance. Les désirs contraires les uns aux autres ne laisseroient pas d'être conformes à la raison;

tout homme pourroit prétendre que ſes déſirs prévaluſſent ſur ceux de tous les autres, & tous les autres ſeroient en droit de s'y oppoſer; ce qui eſt d'une abſurdité & d'une contradiction manifeſte. *d) Auſſi combien de fois la voix intérieure nous dit, qu'en faiſant notre bien aux dépens d'autrui, nous faiſons mal.* Qu'une république ſeroit malheureuſe où l'on auroit adopté le ſyſtème de Hobbes & de ſes partiſans! elle ne pourroit ſe maintenir qu'en y renonçant. Car perſonne ne compteroit ſur des citoyens dont les principes anéantiroient tout droit & toute juſtice.

En voilà aſſez pour en pouvoir conclure que l'amour de nous-mêmes eſt deſtiné à nous mettre au fait des deſſeins de Dieu pour notre bonheur; mais que l'intention de cet être adorable n'a pas été qu'il ſervît de premier mobile de nos actions, & qu'il y a mis un contre-poids capable de modérer ſon impreſſion, ſi nous ne nous laiſſons pas aveugler par nos paſſions. Ce contre-poids eſt le ſentiment interne que nous avons de la perfection & de la vertu, lequel ſe trouve en nous, indépendamment de l'utilité, prochaine ou éloignée, que la bonté de Dieu y a attachée.

Me voici parvenu à la troiſième partie de ce diſcours qui doit rouler

III. Sur

d) M. *Rouſſeau.*

III.

Sur la réunion des divers principes du droit de la nature.

Les anciens nous ont laissé sur la morale des maximes très instructives. Socrate surtout avoit cultivé & approfondi cette science. Il disoit souvent „qu'on avoit grand soin de faire „un portrait qui ressemblât, & qu'on n'en avoit „point de ressembler à la divinité dont on est „le portrait.„ Aussi Platon & Aristote, qui avoient beaucoup profité de ses lumières, ont fait consister le principe du droit de la nature dans l'imitation de Dieu & dans son amour. Il y avoit sans doute dans le sentiment d'Aristote un orgueil condamnable, en ce qu'il faisoit consister l'imitation de Dieu dans le désir de l'égaler en science & en sagesse; au lieu que Platon ne permettoit d'y aspirer, qu'autant que cela étoit nécessaire pour la conduite de la vie, & non pour nous élever au dessus de notre sphere.

Epicure & ses sectateurs ont fait consister le souverain bien dans la volupté. Carnéades, Hobbes, Mandeville, la Rochefoucault, Rechenberg, Menz &c. qui dérivent tous nos devoirs de l'amour de nous-mêmes & de l'utilité qui nous en revient, ne sont pas mieux fondés, & j'ai fait voir combien ce principe est insuffisant & dangereux, quand on en fait le principe général & unique de nos obligations. Il faut

D

avouer que si Epicure avoit entendu, par *volupté*, cette satisfaction intérieure, cette tranquillité d'ame *a*) que donne la vertu, son principe n'auroit pas dû donner lieu aux conséquences que ses disciples en ont tirées, & il n'auroit été défectueux qu'en ce qu'il auroit pris l'effet pour la cause. Les Stoïciens, d'après Zénon, ont donné dans un excès opposé à celui des Epicuriens: ils vouloient que les hommes fussent sans passions, c'est à dire, qu'ils cessassent d'être hommes. Ils prescrivoient différentes bonnes règles, comme celles *d'agir convenablement, d'imiter la nature, & de suivre la raison*.

Il paroit néanmoins par ce qui nous reste de leurs écrits qu'ils n'avoient pas des idées fort distinctes de ces règles, & ils avoient d'ailleurs des sentimens insoutenables, tant sur le destin ou *fatum* qu'ils disoient lier les mains à Jupiter même, que sur les vices qu'ils regardoient tous comme égaux. Suivant eux ce n'étoit pas un plus grand mal de tuer un homme qu'un bœuf, un roi qu'un particulier; confondant ainsi toutes les actions mauvaises & criminelles. Cependant les ouvrages d'Epictete & de Séneque, philosophes de cette secte, sont remplis d'excellens préceptes, en particulier ceux de Séne-

―――――――――――
a) C'est dans ce sens que l'entend *Erasme*, lorsqu'il soutient dans le dialogue, intitulé *Epicureus*, qu'il n'y a pas de plus grands épicuriens que les chrétiens qui s'adonnent à la piété.

que sont un trésor des plus belles maximes pour la conduite de la vie; aussi ont-ils fait conjecturer qu'il avoit puisé dans les Saintes Ecritures.

Il est assez surprenant qu'avec le secours de la révélation, qui nous met en état de tirer de la raison un tout autre parti que n'ont fait les gentils, il se soit écoulé tant de siecles, sans produire quelque bon cours de morale ou de droit de la nature.

Grotius est le premier qui ait eu la gloire de réduire en système la science des loix naturelles. Il pose pour principe le désir de la société, auquel il joint le consentement des nations. Plusieurs savans ont fait des notes sur son ouvrage, entr'autres Bœcler, Obrecht, & Becmann. Puffendorff estimant que nous ne recherchons pas tant la société pour elle-même, que pour satisfaire au désir qui nous porte à la félicité, a développé beaucoup mieux encore que Grotius le principe de la sociabilité, & les conséquences qui en résultent. Barbeyrac *e)* qui a traduit en fran-

---

e) Il a aussi donné une traduction en françois du *Traité Philosophique des Loix Naturelles par Richard Cumberland*, & y a joint pareillement des notes.

Strimesius donne pour fondement du droit naturel la conformité de nos actions avec la droite raison; Wollaston la conformité de nos actions avec la vérité; Clarke leur convenance avec les relations des choses; Guillaume Grotius leur convenance avec la nature raisonnable & sociable de l'homme, & le consentement unanime des peuples policés sur ce qui doit être regardé comme étant du droit naturel; Rüdiger les instincts naturels; Al-

çois les traités de ces deux auteurs sur le droit naturel, & qui a accompagné ses traductions d'excellentes remarques, a fait valoir ce principe, aussi bien que Thomasius dans son ouvrage sur le droit de la nature & des gens. Cumberland, Cudworth, More, Fordyce, Jean Smith, l'auteur des recherches sur l'origine des idées que nous avons de la beauté & de la vertu, & Hutcheson, se sont déclarés ouvertement contre les sentimens pernicieux de Hobbes, & leur ont opposé un principe qui fait honneur à l'humanité ; c'est celui de la bienveillance réciproque des hommes les uns envers les autres ; de façon que la vertu consiste, suivant eux, à diriger nos actions vers le plus grand bien de la société, &

berti l'état d'innocence & d'intégrité, dont il reste encore quelques traces en nous ; & Shaftsbury le juste tempérament de nos affections, en sorte qu'aucune passion ne passe les bornes que la nature lui assigne ; Bruckner fait consister le droit naturel dans la recherche de la paix externe, & le P. Buffier dans celle de notre propre bonheur, en procurant en même temps l'avantage des autres hommes. Adam Smith fait consister la vertu dans ce qu'il appelle la *propriété de nos affections, relativement à leurs causes & à leurs effets* ; mais il prétend que nous ne pouvons en juger qu'en nous transportant par notre imagination à la place de ceux qui sont agités de quelque passion, pour éprouver quelque chose d'analogue à ce qu'ils sentent. En se bornant à ce seul principe, il en résulteroit qu'un homme qui n'auroit jamais vécu avec ses semblables, ne pourroit porter absolument aucun jugement de ses sentimens ni de ses actions. D'ailleurs ce principe peut faire clocher des deux côtés ; c'est, dit un Journaliste, *un système à deux anses*.

à subordonner nos affections au désir de contribuer au bonheur du genre humain.

Clarke & plusieurs de ces moralistes dont je viens de faire mention, trouvent dans la vertu une beauté intérieure qui la rend aimable par elle-même, indépendamment des récompenses qui y sont attachées, & dans le vice une difformité, qui nous le rend haïssable, sans que nous fassions attention au mal qui peut en résulter pour nous. Excellent principe qui joint à l'idée de Dieu nous est d'un grand secours, pour discerner le bien du mal, & pour découvrir nos devoirs.

Dawson ne reconnoît, d'après le célebre Hoocker, d'autre principe que la loi éternelle, c'est-à-dire, Dieu lui même & la sagesse, par laquelle il a produit & arrangé toutes choses *f*).

Entre ceux des moralistes qui ont reconnu la volonté de Dieu comme le principe de nos obliga-

---

f) Cette loi a suivant lui deux parties. L'une renferme l'ordre que Dieu lui-même s'est proposé de suivre, & l'autre regarde l'ordre qu'il veut être observé par ses créatures. Il divise cette loi éternelle en quatre branches, dont la première contient la loi des opérations divines, la seconde celle des intelligences célestes, la troisième celle de la raison, & la quatrième celle des créatures inanimées. Il considère ensuite l'homme sous trois différentes relations, savoir 1) comme citoyen de la terre ; 2) comme membre d'un corps politique, & 3) comme créature immortelle. De ces diverses relations il dérive tant les loix données à tout le genre humain, que celles qui concernent la société & le culte religieux.

Thomas d'Aquin avoit déjà, avant Hoocker, proposé la sainteté éternelle de Dieu pour objet de notre imitation.

tions, personne n'y a plus insisté que l'illustre Coccéi, *g)* père de feu le grand chancelier du Roi. C'est d'après lui surtout que j'ai tracé en partie le plan d'un traité du droit de la nature dans la première & dans la troisième partie de ce discours.

Ceux qui rejettent ce principe trouvent qu'il embrasse trop, & qu'il passe les bornes que doit avoir le droit de la nature dans le sens dans lequel ils prennent ces mots.

Lambert Velthuysen, Jurisconsulte Hollandois, admet pour principe des loix naturelles le but de la création, d'où résultent la conservation de soi-même, & nos autres devoirs qui nous mettent en état de juger des instincts, lesquels, dans un être raisonnable tel que l'homme,

---

g) Il indique divers moyens de connoître la volonté divine. Et d'abord 1) les déclarations expresses de Dieu, mais on lui a opposé, avec beaucoup de fondement, qu'elles n'appartiennent pas au droit de la nature qui est renfermé dans les bornes de la raison; 2) les instincts naturels; 3) toutes les actions de Dieu, qui sont telles qu'on a tout lieu de se persuader qu'elles doivent servir de modèle à notre imitation; 4) le but auquel tendent ses ouvrages; 5) les moyens nécessaires ou les plus propres pour y arriver; & 6) la perfection souveraine de l'Etre Suprême.

Ce savant a eu plusieurs Sectateurs, entr'autres Kestner, Willenberg & Hermann Cramer.

Kornhard n'en diffère qu'en ce qu'il caractérise la volonté divine, & qu'il ne l'admet qu'entant qu'elle est gravée dans nos cœurs.

doivent être autrement réglés que dans les brutes, & en différer beaucoup *h*).

J. F. Budée, après avoir démontré que Dieu est l'auteur de la loi naturelle, reconnoît que l'utilité qui en est la compagne inséparable, nous conseille à la vérité de l'observer, mais ne nous oblige pas à son observation *i*).

h) Pritius ne s'éloigne de Velthuysen, qu'en ce qu'il soutient que Dieu n'a créé l'homme que pour se complaire en sa créature, d'où il conclut que l'homme doit faire tout ce qui plait à Dieu, en se conformant au but qu'il a eu en le créant.

Glafey qui dans son traité du droit de la nature, intitulé das Recht der Vernunft, reconnoît aussi l'inutilité d'un seul premier principe général, & la nécessité d'admettre pour principe de nos obligations la volonté divine, regarde cependant le précepte de notre conservation comme un principe général, une première vérité, dont il dérive le devoir de conserver la vie des autres hommes, également portés & obligés comme nous à leur conservation; ce qui le conduit à la sociabilité, qu'il ne regarde pas comme un premier principe, mais comme une très bonne voie pour arriver à la connoissance de plusieurs de nos devoirs. Il déduit aussi quelques unes de nos obligations de l'égalité de nature entre les hommes.

Grubner & Stolle donnent diverses règles, suivant qu'il s'agit des diverses parties de la philosophie pratique. Stolle, par exemple, donne pour règle du juste; *ne fais point ce qui peut te faire des ennemis;* pour règle de l'honnête; *sois maître de tes ennemis internes,* c'est-à-dire, de tes passions; & pour règle de la pieté: *crains Dieu & fais tout pour l'amour de lui.*

i) Il fonde l'empire souverain de Dieu, non sur l'éminence de ses perfections & la grandeur de ses bienfaits, mais sur la création & la conservation de l'homme, aussi bien que sur le pouvoir de punir ceux qui osent lui rési-

Burlamaqui, après avoir rapporté les preuves de l'éxistence de Dieu & du droit qu'il a de nous prescrire des loix, montre que Dieu fait usage de son autorité sur nous *k*).

ster. Il conclut, de ce que l'homme ne sauroit être heureux sans l'observation des loix naturelles, que Dieu veut qu'il les observe puisqu'il veut le rendre heureux. Passant ensuite à la considération de la nature humaine, & la voyant assujettie à diverses misères, il en prend occasion de poser ce principe de morale: *tout ce qui a les qualités requises pour être le souverain bien, & pour remédier par conséquent à nos misères, doit être principalement recherché.* Il envisage l'homme, en second lieu, relativement au besoin qu'il a d'être guidé & gouverné, d'où il tire cet autre principe; qu'il doit obéir à un supérieur & observer ses commandemens. Comme il sent, en troisième lieu, que pour conserver son corps, il faut soigneusement écarter tout ce qui peut lui nuire, il en déduit ce troisième principe; *fais ce qui contribue efficacement à ta conservation.* Enfin suivant les différentes branches de la loi naturelle, il prescrit ces maximes: *honore Dieu; vis avec tempérance; & sois sociable.*

Mr. Strube de Piermont, de l'Académie des Sciences de Pétersbourg, considérant que l'homme n'a été fait que pour se conserver, & agir suivant sa destination, & qu'il est uni avec les autres hommes, qui ont tous la même destination que lui, en tire cette conclusion; que chacun est dans l'obligation de travailler tant à sa propre conservation qu'à celle de ses semblables, avec lesquels il se trouve réuni: d'où résulte son principe des loix naturelles, qui consiste *à faire durer autant qu'il dépend de nous tout le genre humain.*

k) Il le prouve I. par les relations qui subsistent entre Dieu & les hommes; II. par le but que Dieu s'est proposé par rapport à l'homme, d'où dérive la nécessité des loix morales pour remplir ce but; III. par la considération de la bonté de Dieu; & IV. par les principes de conduite

De tous ceux qui ont traité du droit de la nature, personne n'y auroit mieux réussi à mon gré, & d'une maniere plus systématique, que l'illustre Wolff, s'il eût donné la règle qu'il pose pour fondement de nos obligations, savoir *de travailler à sa perfection & à celle des autres hommes*, comme une des meilleures & principales voies de connoître la volonté de Dieu; auque nous trouvons en nous. Quoiqu'il reconnoisse que la volonté d'un supérieur oblige ceux qui sont dans sa dépendance, & que suivant le langage des Jurisconsultes l'idée d'un supérieur intervient pour établir l'obligation, il ne laisse pas de confondre le principe de l'obligation avec les motifs qui nous déterminent; tel qu'est l'assurance qu'en agissant conformément aux maximes de la raison, nous obtiendrons un bonheur permanent & solide. Quant aux moyens de discerner le bien du mal, le juste de l'injuste, il en admet deux, l'instinct ou le sentiment, & la raison: il considère ensuite la nature de l'homme, sa constitution, les relations qu'il a avec les êtres qui l'environnent, & les états qui en résultent, d'où il déduit tant les devoirs envers Dieu, que les devoirs envers nous-mêmes, & ceux qui regardent le prochain; mais comme il avoue que la nature de l'homme & les relations qu'il a avec les autres êtres nous font connoître la volonté & l'intention de Dieu, il ne paroît pas raisonner conséquemment, lorsqu'il pose pour premier principe des devoirs de l'homme envers luimême, l'amour de nous-mêmes dont il est trop facile d'abuser, quelque éclairé & raisonnable qu'on le suppose; l'idée de la perfection à laquelle nous sommes appellés est dans le fond le principe qui de son propre aveu doit nous servir de guide, & qui rend l'amour de nous-mêmes raisonnable, il me semble aussi renfermer dans des limites trop étroites la source de la sociabilité, lorsqu'il ne la dérive que de ce qu'elle est nécessaire à l'homme, & de ce qu'il y est porté par ses inclinations naturelles.

quel cas il auroit infifté d'avantage fur la nécefſité de l'admettre comme le principe le plus folide de nos obligations, & n'auroit pas cru que ſa règle auroit ſuffi pour porter les hommes à l'obſervation des loix naturelles, quand même il n'y auroit point de Dieu. Car fans l'idée de Dieu & de ſes perfections ſouveraines, la notion de la nature eſt des plus imparfaites, & je ne vois pas fur quel fondement folide on auroit pu obliger les hommes d'obſerver d'autres devoirs que ceux qu'auroit dicté l'amour propre, pour jouir de tous les plaifirs & de tous les avantages qui feroient à notre portée. Plus alors de jufte ou d'injufte qu'autant que cela conviendroit à nos intérêts, beaucoup plus efficaces que le fimple fentiment de la perfection; & comme l'idée d'un avenir plus heureux ne feroit non plus, fans l'éxiftence de Dieu, qu'une chimere, on fe feroit borné uniquement aux plaifirs fenfuels comme aux plus vifs : tout au plus auroit-on imité les Epicuriens délicats & prudens qui ne font occupés que des moyens de prolonger leurs plaifirs fenfuels.

Je me fuis étendu exprès fur la diverfité des principes du droit de la nature, propofés par les favans les plus diftingués ; parce qu'elle m'a paru fournir une efpèce de preuve de fait, que l'on ne doit pas s'attacher à un principe unique. Si les moraliftes dont on vient de faire l'énumération, n'ont pas été fatisfaits des ouvrages de morale

& des traités du droit de la nature qui exiſtoient de leur tems, & s'ils ont cru mieux faire en adoptant un principe qui leur étoit particulier, ſans mieux réuſſir au gré des autres, ne ſeroit-ce pas, parceque chacun a prétendu ſe frayer une route à part, pendant que la nature & la raiſon nous en montrent pluſieurs, qui partant d'un même point aboutiſſent au même terme. Il étoit d'autant plus néceſſaire de ne pas négliger l'une ou l'autre route, quelles communiquent enſemble, de telle ſorte que lorsque dans l'une on rencontre des obſtacles inacceſſibles, on peut arriver au but auquel on tend par une autre route, à laquelle la première communique.

Je regarde en effet comme démontré par les efforts qu'ont fait les divers moraliſtes, dans la recherche des loix naturelles que pour avoir un ſyſtême auſſi complet & auſſi parfait du droit de la nature, que le permettent notre raiſon & les ſentimens de notre cœur, il faut réunir les divers principes ou moyens de connoître la volonté & l'intention de Dieu qui ſont à notre portée. Voici quelques conſidérations qui peuvent ſervir à nous faire connoître quels ſont ces principes.

Dès que l'homme eſt capable de faire uſage de ſa raiſon, il ſent qu'il eſt né libre; mais pour peu qu'il réfléchiſſe ſur les ſuites de ſes actions, il voit que pour ſe conduire en homme raiſonnable, & arriver au bonheur & à la perfection, il ne peut user indifféremment de sa liberté, & qu'il est appellé à remplir certains devoirs qui dépendent de sa destination. Il faut donc qu'il la connoisse. Dans cette vue il examine sa nature, son corps, son ame, ses facultés, ses désirs, ses sentimens. Il apperçoit en même tems des êtres qui l'environnent, & il reconnoît bientôt qu'il a diverses relations avec eux; mais il reste dans le doute & dans l'incertitude sur la nature de ses obligations, tant que renfermé en soi & abandonné à lui-même, il n'est pas éclairé par des notions plus lumineuses. Il faut qu'il jette des regards hors de lui, pour acquérir les lumieres qui lui manquent. Il parcourt pour cet effet l'Univers, & rien ne le satisfait pleinement jusques à ce qu'il se soit convaincu par les merveilles qu'il y apperçoit, que le monde & tout ce qu'il contient est la production d'un être tout parfait. Plus il est attentif aux ouvrages de l'Etre souverainement adorable, & mieux il découvre les vues qu'il a eues en formant cette terre que nous habitons. C'est alors que les ténèbres font place à la lumière, l'incertitude à la conviction; c'est alors qu'il conçoit la perfection à laquelle il est appellé, que délivré de l'esclavage des sens, il apprend à mettre un frein à ses désirs déréglés, & que pénétré des soins bienfaisans de Dieu pour tous les hommes, il sent qu'il ne doit pas rechercher son bonheur au préjudice de la société pour laquelle il est né. C'est alors seulement qu'en étudiant avec soin les desseins de l'Etre Suprême, surtout dans cette parfaite égalité qu'il a mise entre tous les hommes, il a lieu de se convaincre qu'ils doivent travailler de concert à leur perfection & à leur félicité mutuelle, & qu'ils ne peuvent obtenir ni l'une ni l'autre, qu'en communiquant ensemble, & qu'en se livrant au penchant de bienveillance pour leurs semblables que Dieu a gravé dans tous les cœurs. Sentiment qui n'est altéré que par l'amour propre déréglé, & par nos passions vicieuses.

Ces considérations me mettent en état de conclure que les principes dont la réunion est indispensable sont les suivans.

I. *La volonté de Dieu* connue par les seules lumières de la raison, ou ce qui revient au même, l'idée des perfections infinies de Dieu, qui est l'auteur des loix naturelles, jointe à la fin qu'il s'est proposée dans ses ouvrages.

II. *La perfection* à laquelle l'homme est appellé, & qui découle de sa nature, de ses facultés, de ses désirs & de ses relations avec Dieu, avec lui-même, avec les autres êtres, & surtout avec les hommes.

III. *Les instincts naturels*, & en particulier le *désir d'être heureux*, ou l'amour de nous-mêmes éclairé & bien réglé.

IV. *Le Sentiment* ou le *sens moral* qui se trouve dans tous les hommes, & surtout la bienveillance pour ses semblables.

V. *La Sociabilité*, accompagnée de la bienveillance pour les autres, enfin

VI. *L'égalité* dans laquelle tous les hommes naissent, quant à leur nature & à leurs facultés.

Ce seroit m'écarter de mon but principal que d'entrer sur ce sujet dans un grand détail : mon dessein n'étant pas de donner un cours du droit de la nature, mais simplement d'indiquer par quelles voies on pourroit se flatter de faire un ouvrage sur les loix naturelles qui fût tout à la fois solide, systématique, & suffisant pour développer & découvrir toutes nos obligations naturelles.

Je me bornerai donc à rapporter ici les premières vérités ou les principes, avec les règles & les conséquences qui en résultent; lesquelles sont comme autant de maximes de la conduite que les hommes doivent tenir, même à n'en juger que par les seules lumieres de la raison.

I. PRINCIPE.

La volonté de Dieu en tant qu'elle peut être connue par les seules lumières de la raison, & en particulier en tant qu'elle se manifeste par la fin qu'il s'est proposée dans ses ouvrages, & par l'idée que nous pouvons nous former de ses perfections infinies.

Première règle. ¹)

L'être à qui nous devons & notre exiſtence & notre conſervation, & dans la dépendance abſolue duquel nous nous trouvons ſans ceſſe, a droit de nous impoſer des loix.

Conſéquence.

Nous lui devons donc l'obéiſſance; & cela d'autant plus qu'il n'ordonne l'obſervation de ſes loix que parce qu'elle eſt accompagnée de la vraie félicité, & que leur inobſervation eſt ſuivie de maux inévitables; mais nous lui de-

___

¹) Les règles, auſſi bien que les principes qu'on rapporte ici, ſont la plûpart des premières vérites qui n'ont pas beſoin de preuves, parce qu'elles ſont claires par elles-mêmes, qu'elles ſont aſſez généralement reçues, & qu'elles entraînent notre ſuffrage malgré les rafinémens de quelques eſprits ſubtils, mais peu ſolides. Cependant ſi l'on vouloit des preuves, on pourroit aiſément faire voir que ce qu'on appelle les premiers principes, tels que ſont ceux d'identité, de contradiction, & de raiſon ſuffiſante, s'accordent enſemble pour nous en convaincre. Par exemple, cette première règle eſt fondée ſur l'idée de l'Etre ſuprême, de l'arbitre & du ſouverain du monde entier. Si l'on prétend qu'il n'a pas l'autorité d'impoſer des loix aux hommes, ce ne ſera plus le même être dont nous parlons, mais un autre être imaginaire; ou bien il faudra dire, qu'il eſt en même tems tout parfait & imparfait, qu'il eſt infini, & que néanmoins on peut mettre des bornes à ſa puiſſance & à ſa volonté dans les choſes les plus juſtes & les plus raiſonnables, ce qui eſt une vraie contradiction. Et au reſte l'on a dans l'aſſemblage de ſes perfections & dans la formation du genre humain, une raiſon ſuffiſante pour lui attribuer le droit de nous impoſer des loix.

vons aussi par conséquent notre amour, qu'exigent tant de bienfaits dont il nous comble, tout indignes que nous en sommes.

Seconde règle.

Dieu étant un être intelligent & tout parfait, ses ouvrages doivent se ressentir de sa souveraine perfection, & se rapporter à une fin digne de lui.

Troisième règle.

Le but ou la fin la plus digne de la bonté de Dieu, c'est le bonheur des créatures animées, & surtout des êtres doués de raison.

Conséquence.

Tout ce qui est contraire à ce but, tout ce qui s'oppose au bonheur du genre humain, ne sauroit être pris pour une fin que Dieu se soit proposée.

Quatrième règle.

Plus les moyens qui contribuent à l'avantage des hommes, y sont propres, plus ils sont dignes de Dieu; & mieux ils servent à faire connoître ses desseins.

Première conséquence.

Les ouvrages de Dieu qui marqueroient une imperfection en lui, s'il n'avoit prescrit certaines actions humaines, prouvent qu'il les a effectivement prescrites.

Seconde conséquence.

Les ouvrages de Dieu qui seroient inutiles ou contradictoires, si Dieu n'avoit imposé certains devoirs, prouvent qu'il les a imposés.

Cinquième règle.

Les moyens nécessaires pour obtenir la fin que Dieu a prescrite, sont pareillement ordonnés.

Sixième règle.

Parmi les divers moyens qui peuvent conduire à la fin que Dieu s'est proposée, il faut choisir ceux qui y sont les plus propres.

Conséquence.

Le premier soin de l'homme doit être de chercher à s'instruire des vues de Dieu, pour y conformer sa conduite, & de ses perfections adorables, pour les admirer & les imiter, autant que la foiblesse de la nature humaine peut le permettre.

Septième règle.

Les ouvrages que Dieu a faits pour subsister & durer, sans donner à connoître qu'il permet d'y apporter du changement, ou de les détruire, ne doivent pas être changés, ni détruits.

Conséquence.

Lorsque Dieu, par des marques claires, permet ou veut qu'on y apporte quelque changement, ou qu'on les détruise, le changement ou la destruction en sont permis ou ordonnés.

Huitième règle.

Il n'y a point de loi où il n'y a ni liberté ni aucune marque de la volonté de Dieu; mais dès qu'il a fait connoître sa volonté, il veut qu'elle soit observée.

Première conséquence.

Les actions qu'il n'est pas dans notre pouvoir de faire ou de laisser ne sont pas l'objet des loix.

Seconde conséquence.

Ces actions, n'étant pas soumises aux loix, ne méritent ni peines ni récompenses; mais les actions libres qui sont contraires aux loix de Dieu, sont l'objet de son indignation, & méritent d'être suivies de peines & de châtimens. Au lieu que nos actions libres qui sont conformes à sa volonté, ne peuvent manquer de lui être agréables, & d'attirer sur nous sa bénédiction & ses bienfaits.

Neuvième règle.

La terre & toutes les créatures inanimées, n'ayant aucune perfection interne, c'est-à-dire, qui se rapporte à elles-mêmes, ne peuvent avoir été faites que pour l'homme, & pour les animaux qui sont les seules créatures vivantes & connues qui en puissent faire usage.

Première conséquence.

Tout ce qui arrive sur cette terre doit tendre sur tout au bonheur des êtres raisonnables, tels que les hommes, qui font les créatures les plus diftinguées ; & tout ce qui renferme cette dernière fin de la création, & s'accorde avec les perfections infinies de Dieu, doit être regardé comme le but qu'il s'eft propofé en créant la terre que nous habitons *m*).

Seconde conféquence.

L'effence la nature & les propriétés des chofes avec l'ordre qu'elles obfervent, font les moyens que Dieu emploie pour arriver à fes fins ; Il eft donc néceffaire d'en avoir, autant que cela fe peut, une connoiffance intime *n*).

Troifième conféquence.

La difpofition & la ftructure d'une chofe qui la rend propre au bonheur des êtres animés, fournit une conjecture très vraifemblable que c'eft en partie dans cette vue qu'elle a été conftruite comme elle eft.

Quatrième conféquence.

Cette difpofition pour le bonheur & la perfection des hommes, paroît d'autant plus l'effet d'un deffein de Dieu fur eux, lorfqu'elle eft unique, & que le contraire eft impoffible.

Dixième règle.

Les actions des êtres intelligens doivent avoir du rapport à leur nature intelligente.

m) Voyez la troifième règle.
n) Voyez la cinquième & la fixième règle.

L DISCOURS

Première conséquence.

La nature de l'homme, les forces de l'ame, ses désirs, ses facultés, & l'ordre dans lequel elles se développent, se rapportent à une certaine manière de vivre, convenable à un être doué d'intelligence, & à la perfection que Dieu exige de lui, aussi bien qu'à la félicité à laquelle il l'appelle.

Seconde conséquence.

Les relations dans lesquelles l'homme se trouve placé sur cette terre, & les divers états qui en résultent, nous conduisent à la connoissance de plusieurs de nos devoirs.

II. PRINCIPE.

La perfection o) *de l'homme*, à laquelle Dieu a attaché le plus solide bonheur, comme une des fins les plus dignes de lui, d'où suit cette règle excellente pour la conduite de l'homme, & si propre à lui faire connoître ses devoirs.

Règle générale.

Faites ce qui contribue à votre perfection, & ne faites point ce qui vous rendroit imparfait.

D'où découle cette autre règle;

Travaillez à la perfection des autres hommes autant qu'il dépend de vous.

---

o) Il faut remarquer que la perfection de l'homme consiste dans celle de son ame, de son corps, & de sa situation ou de sa condition dans le monde. *Wolff.*

PRÉLIMINAIRE.

Première conséquence.

Notre corps, n'ayant point en lui-même le fondement de son existence & de sa structure, paroît visiblement avoir été fait pour l'ame à laquelle il est si étroitement uni. L'ame est la partie la plus noble de l'homme; & par conséquent celle dont il doit prendre le plus de soin.

Seconde conséquence.

Les devoirs de l'homme sont subordonnés les uns aux autres. Car ce qui nous rend plus parfaits mérite d'être préféré à ce qui y contribue moins. Lors donc que nos devoirs se combattent, & qu'il faut choisir entre deux obligations, la plus forte doit l'emporter, suivant la nature du droit, & des motifs par lesquels il convient que nous nous déterminions. Par exemple, le soin de notre ame doit l'emporter sur celui de notre corps; la volonté de Dieu doit être préférée à celle de ses créatures; le bien de toute la communauté mérite plus d'égards que celui d'un particulier.

Troisième conséquence.

Rien n'étant si facile à l'amour de nous-mêmes que de dégénérer en amour propre & déréglé, l'homme doit être continuellement en garde contre lui, pour se garantir de ses illusions. Il doit l'éclairer, & consulter soigneusement le principe de la perfection à laquelle il est appellé, aussi bien que celui de la bienveillance pour ses semblables.

Quatrième conséquence.

L'homme peut se déterminer au bien par divers motifs. Le plus noble & le plus parfait est celui de faire le bien pour plaire à l'Etre suprême, par amour pour la vertu même & pour son auteur, & dans le dessein de l'imiter autant que notre foiblesse peut le permettre. C'est aussi le moyen le plus propre pour nous garantir des pièges de l'amour déréglé de nous-mêmes, pour attirer sur nous la bienveillance de Dieu, & pour gagner l'affection des autres *p*).

―――――

p). Voici encore quelques conséquences, ou maximes qui dérivent de ce principe, & que je tire de l'ouvrage de Burlamaqui sur *le Droit de la Nature.*

5. „On doit faire un juste discernement des biens & des „maux pour donner à chaque chose son juste prix. Ainsi un „être parfait doit être estimé plus que celui qui l'est moins.

6. „Le bonheur ne sauroit consister dans des choses in„compatibles avec la nature & l'état de l'homme.

7. „Il faut examiner soigneusement quelles sont les sui„tes du bien & du mal; afin que comparant le présent avec „l'avenir, & balançant l'un par l'autre, on puisse reconnoî„tre quel en doit être le résultat.

8. „Rien n'est plus raisonnable que de se résoudre à „souffrir un mal dont il doit certainement nous revenir un „plus grand bien.

9. „On doit préférer un plus grand bien à un moindre; „on doit aspirer toujours aux biens les plus excellens qui „peuvent nous convenir, & proportionner ses désirs & ses „recherches à la nature & au mérite de chaque bien.

10. „Dans certains cas la seule possibilité, & à plus forte „raison la vraisemblance, doit nous déterminer à nous pri-

III. PRINCIPE.

Les *instincts* de l'homme, en particulier *le défir d'être heureux.*

Règle.

Dieu, ayant mis dans le coeur de l'homme le défir de la félicité, veut qu'il foit heureux, & qu'il travaille à le devenir.

Conféquence.

Ce défir étant dans tous les hommes, Dieu veut le bonheur de tout le genre humain.

IV. PRINCIPE.

Le *fentiment* ou le *fens moral*, & la *bienveillance pour fes femblables.*

Première règle.

Ce qu'on ne fauroit nier ni défapprouver, fans agir contre fon fentiment intérieur, & contre ce que la confcience de tous les hommes admet & approuve, doit être cenfé vrai & jufte.

Seconde règle.

La bienveillance envers les autres hommes nous eft recommandée de Dieu, non feulement

„ver de quelques petits biens, & même à fouffrir quelques
„maux légers, en vue d'acquérir des biens beaucoup plus
„grands, ou d'éviter des maux beaucoup plus facheux.
 II. „Il ne faut rien négliger pour faire prendre à nos
„efprits le goût des vrais biens, en forte que la confidéra-
„tion des biens excellens, & reconnus pour tels excite en-
„nous des défirs, & nous faffe faire tous les efforts néceffai-
„res pour en acquérir la poffeffion.

par un sentiment immédiat qui nous la fait approuver & admirer ; mais encore comme un moyen nécessaire au bonheur de la société ordonnée de Dieu *q*).

V. PRINCIPE.

La *sociabilité*, en tant qu'elle est nécessaire à l'homme pour développer ses facultés, & pour atteindre le but que Dieu s'est proposé pour le bonheur de tout le genre humain.

Première règle.

La perfection à laquelle l'homme est appellé, & le bonheur auquel il peut aspirer, ne peuvent s'acquérir dans la solitude, ni dans l'état de nature ; Dieu veut par conséquent que les hommes se réunissent en société pour contribuer mutuellement à leur bien-être.

Seconde règle.

La sociabilité est donc l'ouvrage de Dieu en tant qu'elle est une disposition qui nous porte „à la bienveillance envers nos semblables, à leur „faire tout le bien qui peut dépendre de nous, „à concilier notre bonheur avec celui des au„tres, & à subordonner toujours notre avantage „particulier à l'avantage commun *r*). C'est à quoi se rapporte la règle que le Pere Buffier

---

q) Voyez la troisième conséquence du principe de la perfection.

r) Burlamaqui.

donne pour principe général de la morale & de la société :

„Je veux être heureux; mais je vis avec des „hommes qui comme moi veulent également être „heureux, chacun de leur côté : cherchons le „moyen de procurer mon bonheur, en procurant „le leur, ou du moins sans y jamais nuire.

VI. PRINCIPE.

L'égalité de nature dans tous les hommes.

Règle.

Des êtres égaux, qui sont de même nature, & qui ont les mêmes facultés, ont les mêmes droits, & sont réciproquement indépendans *s*).

D'où découlent ces deux maximes ou conséquences.

Première Maxime ou Conséquence.

Ne faites pas aux autres ce que vous ne voulez pas qu'ils vous fassent.

---

s) Cela est vrai, tant qu'ils n'ont pas renoncé à leurs droits, soit expressément, soit tacitement, & lorsque l'Etre suprême n'a pas donné à connoître la nécessité de leur assujettissement. C'est en partant uniquement du principe de l'égalité que quelques moralistes en concluent que l'homme naît dans une entière indépendance, quoiqu'en consultant les vues de Dieu sur l'homme, il falloit nécessairement que dès sa naissance il fût dans la dépendance, du moins de pere & de mere, sans l'assistance desquels il ne pouvoit ni subsister ni perfectionner ses facultés, pour en pouvoir faire l'usage auquel elles sont destinées.

Seconde Maxime ou Conséquence.

Faites leur ce que vous souhaitez raisonnablement qu'ils vous fassent.

Toutes ces règles ou maximes sont claires, & faciles à saisir. Pour peu qu'un homme sache tirer des conséquences, il pourra, à l'aide de ces principes & de ces maximes, porter un jugement solide sur la nature de ses devoirs, dans les différentes circonstances de sa vie, & déduire des conclusions aussi sures que celles de la géométrie.

Au reste, j'ai été charmé de trouver mes idées conformes à ce qu'a pensé Locke sur le même sujet. Voici comme il s'exprime *). „L'idée „d'un être suprême, infini en puissance, en bonté, „en sagesse, qui nous a faits, & de qui nous dépen„dons, & l'idée de nous-mêmes comme de „créatures intelligentes & raisonnables, ces deux „idées, dis-je, étant une fois clairement dans no„tre esprit, en sorte que nous les considéraßions „pour en déduire les conséquences qui en dé„coulent naturellement, nous fourniroient, à mon „avis, de tels fondemens de nos devoirs, & de „telles règles de conduite, que nous p rions „par leur moyen élever la morale au rang des „sciences capables de démonstration." Et ailleurs, „je ne ferai pas difficulté de dire que je „ne doute nullement qu'on ne puisse déduire, des

---

*) Liv. 4. ch. 3. ſ. 18. *de l'Entendement humain.*

,,propositions évidentes par elles-mêmes, les ,,véritables mesures du juste & de l'injuste, par ,,des conséquences nécessaires & aussi incontesta- ,,bles que celles qu'on emploie dans les ma- ,,thématiques.,,

Je passe à la quatrieme partie de ce discours qui doit rouler

IV.

Sur les limites des sciences qui font partie de la philosophie pratique.

La science qui nous enseigne à régler nos actions libres suivant la loi naturelle, s'appelle philosophie pratique, morale, ou droit de la nature dans le sens le plus étendu. Il n'est pas douteux que pour acquérir une parfaite intelligence de la morale, ou du droit naturel universel, on n'ait besoin d'avoir du moins des idées claires du bien & du mal, des facultés de l'ame & du corps, & des perfections de la Divinité, de sorte qu'il est nécessaire de puiser ces notions dans les diverses parties de la philosophie théorétique, telles que sont l'ontologie, la cosmologie, la physique, la psychologie, & la théologie naturelle. J'en ai tiré les principales vérités relativement à la morale, & autant que cela m'a paru nécessaire pour l'instruction de tout homme de bon sens, qui pense raisonnablement, qui veut savoir son devoir pour le faire, & qui n'a ni le temps ni la capacité d'étudier & d'approfondir ces matières.

On peut diviser la philosophie pratique en quatre branches :

I. La philosophie pratique universelle.

II. Le droit de la nature pris dans un sens moins étendu, & qu'on subdivise encore en droit naturel privé, & droit naturel public, ou droit public universel, & droit des gens.

III. La morale proprement dite, &

IV. La politique.

I.

La philosophie pratique universelle contient des réflexions générales sur les actions humaines & sur leur diversité, sur les loix naturelles & sur leur sanction, sur l'obligation qu'elles imposent, sur la vertu & sur le vice, sur la conscience, sur les moyens d'obtenir la félicité dont nous sommes susceptibles, & sur la nécessité de connoître le coeur humain.

II.

Le droit de la nature, pris dans un sens moins étendu, renferme nos différentes obligations naturelles, suivant les diverses relations qui sont entre l'homme & les autres êtres.

1. La relation que nous avons avec Dieu, comme notre créateur, qui nous a comblés de biens & destinés à l'immortalité, nous conduit à la connoissance des devoirs de l'homme envers

l'Etre suprême. Cette partie doit donc traiter de l'obligation de travailler à la gloire de Dieu, de l'amour, de la crainte, de la vénération, de la confiance, de la reconnoissance qu'on lui doit, de la prière, & enfin du culte religieux.

2. La relation qui nous concerne nous-mêmes, c'est-à-dire, le rapport de nos facultés, tant entr'elles qu'avec les objets extérieurs, relativement à notre perfection & à notre bonheur, nous découvre les devoirs de l'homme par rapport à son propre individu.

Le but de cette partie du droit de la nature est que l'entendement soit éclairé, la volonté rétablie dans l'ordre, nos passions assujetties, & l'homme corrigé & conduit à la perfection & à la tranquillité intérieure de l'ame. Cette doctrine doit donc rouler sur nos obligations quant à l'entendement & à la volonté, & sur les soins que nous devons prendre de notre vie, de notre corps, de notre honneur, & de nos biens.

3. La relation avec les autres hommes exige surtout qu'on ait la paix avec eux ; de sorte qu'il s'agit dans cette partie du droit de la nature de montrer, comment on peut l'entretenir ; on doit donc y traiter des devoirs envers ses semblables. Les principaux sont de nous regarder les uns les autres comme naturellement égaux, de ne faire tort à personne, & de nous rendre des offices mutuels d'humanité. Mais après avoir considéré nos obligations envers le prochain

d'une manière générale, il faut entrer dans un plus grand détail, examiner la conduite qu'il convient de tenir avec les autres hommes, amis ou ennemis, & rapporter les divers devoirs qui réfultent de la propriété, & de l'ufage de la parole, comme auffi des promeffes, des conventions & des contracts.

4. L'homme eft obligé à l'obfervation de ces devoirs, foit qu'il vive dans l'état de nature, ou qu'il foit membre d'une fociété politique ou civile. Dans l'état de nature, il jouit du droit de juger lui-même du tort qu'on lui fait, d'oppofer la violence à la violence, & de fe rendre juftice, c'eft-à-dire, de contraindre les autres à faire ce qui eft prefcrit par la loi de la nature pour entretenir la paix avec autrui; car c'eft là le principal fondement du droit naturel dans un fens étroit.

Mais dès qu'un homme eft membre d'une fociété politique ou civile, néceffaire pour remédier aux inconvéniens inévitables de l'état de nature, où il manque un juge impartial pour décider les différens, il eft cenfé avoir renoncé à tout pouvoir qui eft incompatible avec le but pour lequel il eft entré dans la fociété, ou pour lequel il refte dans celle où il eft né: ce qui fait la matière du droit naturel, relativement à la qualité de citoyen.

Cette partie du droit naturel roule fur la fociété en général, fur la fociété conjugale, fur les devoirs réciproques d'un pere & d'une mere & de leurs enfans, fur la fociété entre les maîtres & leurs domeftiques, ferviteurs ou efclaves, fur le gouvernement domeftique d'une famille, & enfin fur nos divers devoirs comme membres & fujets d'une fociété politique ou civile, foit envers le fouverain, foit les uns envers les autres.

Quelques uns regardent la fcience qui renferme les devoirs du citoyen comme faifant partie du droit naturel public.

5. Le droit naturel public, ou droit public univerfel, eft la fcience qui traite de la conftitution effentielle des Etats & des républiques, & qui confidère les hommes dans l'état civil, c'eft-à-dire, dans la relation qui réfulte des qualités de fujet & de fouverain.

Il faut bien diftinguer ici les affaires des particuliers d'avec les affaires publiques, dans la décifion defquelles il faut toujours avoir égard à ce qu'exige la paix & la tranquillité de tout le corps, fuivant cette maxime : *le falut du peuple eft la fuprême loi.* Tous les fujets font tenus d'y contribuer, & ne peuvent fe difpenfer de cette obligation, quoiqu'ils puiffent & doivent fouvent renoncer à leurs intérêts particuliers.

Il faut encore remarquer que plufieurs jurisconfultes réuniffent la politique avec le droit public, quoique cette dernière fcience ait pour but de marquer ce qu'exige la juftice, au lieu que la politique ne roule, à proprement parler, que sur les moyens de faire fleurir un Etat. Ces deux sciences se proposent les mêmes objets, mais l'une considère la société civile sous le rapport du juste, & l'autre sous celui de l'utile. La science du droit naturel public, ou droit public universel, doit donc traiter de l'origine de la société politique ou civile, & de la réunion d'un certain nombre de personnes & de familles qui se proposent de pourvoir à leur sureté & à leur tranquillité, c'est-à-dire, de l'établissement d'un Etat ou d'une république, de la souveraineté en général, des différentes manières de l'acquérir, & des diverses formes de gouvernement, du pouvoir du souverain & de ses bornes, de son devoir quant à la sureté & à la tranquillité publique, pour la maintenir contre toute invasion des puissances étrangères, ce qui renferme le droit de la guerre & de la paix, aussi bien que celui de faire des alliances & des traités; du droit du souverain par rapport à la paix intérieure; du pouvoir législatif, & du droit qu'il a de diriger les actions des sujets vers le plus grand bien de l'Etat; du droit de vie & de mort, des peines & des récompenses; du droit qu'il a sur les corps & les communautés, sur les choses sacrées & l'exercice du culte religieux & public; de son droit & de son devoir par rapport aux charges, emplois, offices publics, & tribunaux de justice, ou bureaux établis pour l'administration des affaires de finance, de police, de commerce &c.

du

PRÉLIMINAIRE.

du droit de lever des fubfides, & de celui qu'il a fur les chofes qui ne font à perfonne, ou qui fe trouvent renfermées dans les terres de fa domination ; enfin du droit des peuples, lorfque la fouveraineté venant à ceffer ils recouvrent leur liberté naturelle. Comme il n'y a point de fociété politique qui s'en tienne à la conftitution effentielle des Etats, toutes les nations y ayant ajouté des loix fondamentales & des difpofitions particulières ; lorfqu'on veut fe mettre au fait de la conftitution de tel ou tel Etat, il ne fuffit pas d'avoir recours au droit public univerfel qui ne fournit que les principes de ce qui en doit faire l'effence ; mais il faut encore étudier les additions qu'on y a faites, & les conftitutions particulières de ces Etats : & c'eft ce que l'on trouve dans les traités des divers droits publics particuliers. On a ainfi un droit public de France, de Suede, de Dannemarck, de Pologne, d'Angleterre, d'Allemagne, &c. L'étude de ces droits publics particuliers demande de grandes recherches, furtout l'étude du droit public d'Allemagne qu'on ne fauroit poffèder à fond, fans avoir la connoiffance des coutumes & des ftatuts de chaque lieu, du droit Saxon, du droit lombard ou féodal, du droit canon ou eccléfiaftique, du droit civil Romain, & du droit public univerfel.

De même que le droit public qui eft particulier à une nation, ne fe borne pas à ce que prescrit le droit public universel, de même les loix que les souverains publient dans chaque Etat, pour régler les actions & la conduite de leurs sujets, ne se renferment pas dans ce que le droit naturel prescrit sur les devoirs mutuels des particuliers. On y ajoute des loix arbitraires qui déterminent ce que le droit de la nature laisse indécis, ou qui permettent des choses que l'état de foiblesse attaché à la condition humaine oblige de tolérer. On refuse quelquefois le secours de l'autorité civile, ou le bras séculier, à des obligations naturelles, à cause des difficultés qui s'y rencontrent, & auxquelles le souverain ne peut remédier; ce qui fait qu'on est obligé à cet égard de s'en remettre à la conscience de chaque particulier.

C'est ce qui a donné naissance à divers droits civils particuliers. Chaque nation, chaque Etat, a le sien; plus il approche de la source, qui doit être le droit naturel même, & plus il est parfait. Comme on a de tous tems fait cas du droit civil Romain, & qu'on l'a regardé comme un dépôt des règles naturelles, de l'équité & de la justice, il a été reçu chez plusieurs nations qui en ont fait la règle de leurs décisions dans les différens des particuliers, en laissant subsister néanmoins sur diverses matières les us & coutumes des lieux, & en y ajoutant des ordonnances qui y dérogent. Au reste, le droit civil pris dans un sens général a diverses parties, tel-

PRÉLIMINAIRE. LXV

les que le droit civil proprement dit, le droit canon ou ecclésiastique, le droit criminel, le droit féodal, le droit militaire &c. &c.

6. Le droit naturel s'appelle *privé* tant qu'il ne concerne que les particuliers; mais lorsqu'on applique ses principes aux nations, en tant que ce sont des personnes morales d'un ordre particulier qui vivent entr'elles dans l'état de nature, on appelle cette doctrine *droit des gens*, & c'est *la science du droit qui a lieu entre les nations ou Etats, & des obligations qui répondent à ce droit* *).

On lui donne encore le nom de *droit nécessaire* en tant qu'il impose une obligation interne & de conscience, & celui de *droit volontaire*, en tant qu'il renferme ce que les nations tolèrent par nécessité pour le bien de leurs affaires. On parle encore d'un droit des gens *arbitraire* que Mr. de Vattel déduit d'un consentement exprès ou présumé des nations, & qui renferme tant le droit *conventionnel* qui résulte d'un consentement exprès, que le droit *coutumier* fondé sur un consentement tacite, n'obligeant l'un & l'autre que les nations qui ont donné leur consentement, ou adopté une coutume utile & raisonnable.

Il paroit que Mr. de Vattel renferme dans son excellent ouvrage du *droit des gens* plusieurs

*) Mr. de Vattel dans son traité *du droit des gens*.

F 2

matières que d'autres renvoient au droit public univerfel, comme lorfqu'il traite dans le tome I, liv. I, des principes généraux des devoirs d'une nation envers elle-même, de la conftitution de l'Etat, du fouverain, de fes obligations & de fes droits, des divers Etats, des principaux objets d'un bon gouvernement &c. de la gloire d'une nation, de la patrie, des biens publics, communs & particuliers.

C'eft proprement dans le fecond livre, qu'il commence à traiter du véritable objet du droit des gens, à favoir, de la nation confidérée dans fes relations avec les autres nations. des offices d'humanité & du commerce mutuel, de la dignité, & de l'égalité des nations, de leur fureté, de leur indépendance, de l'obfervation de la juftice, de la part qu'elles peuvent avoir aux actions de leurs citoyens, des effets du domaine entr'elles, des règles & de la conduite que l'on doit tenir avec les étrangers qui féjournent dans le pays, de la propriété, de la prefcription, des traités d'alliances & de leurs diffolutions, des furetés pour leur obfervation, de leur interprétation, & enfin de la manière de terminer les différens qui furviennent entr'elles.

Le tome II. roule fur la guerre & fur fes différentes efpeces, fur la levée des troupes &c. fur les juftes caufes de la guerre, fur les déclarations de guerre &c. fur l'ennemi & les chofes qui lui appartiennent, fur fes affociés &c. fur la neutralité & fur le paſſage des troupes en pays neutres, fur le droit des nations dans la guerre &c. fur les conventions qui ſe font dans le cours de la guerre, fur les ſauf-conduits & les paſſeports, fur la rançon des priſonniers, fur la paix & fur les traités conclus à ſon occaſion, fur leur exécution, &c. fur le droit d'ambaſſade, fur les divers ordres de miniſtres publics, &c. & fur leurs droits, privilèges & immunités, & enfin fur le juge d'un ambaſſadeur, fur ſa maiſon, ſon hôtel & les gens de ſa ſuite.

III.

La morale proprement dite eſt la ſcience de la vertu & des moyens de ſe rendre vraiment heureux. Pour obtenir le ſouverain bien, le ſeul capable de procurer à l'homme la félicité qui convient à ſa nature, il faut non ſeulement obſerver conſtamment les loix naturelles, & en contracter l'habitude; mais il faut encore le faire par le motif le plus noble, le plus raiſonnable & le plus agréable à Dieu, qui eſt celui de lui plaire & de faire ſa volonté. On a coutume de traiter dans cette partie du droit naturel 1) de l'entendement, du diſcernement, & de la pénétration, de la ſcience, de la ſolidité, de l'habileté ou de l'art d'inventer ou de trouver, de la ſageſſe, de la prudence. 2) de la volonté, de l'acquiſition des vertus morales, de la connoiſſance de ſoi-même, de la ſobriété, du ſoin du corps & de la santé, de la chasteté, du travail, de l'économie, de la libéralité, de la modestie, de l'humilité, de la grandeur d'ame, de la constance, du courage, de la modération dans la prospérité, de l'amour du prochain, de la douceur, de l'amitié, de la sincérité, de la discrétion, de la fréquentation des gens vertueux, & de la justice. 3) de la piété, de la connoissance de Dieu, de son amour & de sa crainte, de la prière & du culte religieux *v*).

IV.

La politique est proprement cette science qui enseigne les moyens de faire fleurir & prospérer un Etat ou une république. La plupart des auteurs comme il a été remarqué confondent cette science avec le droit public universel, & il faut convenir qu'elle a une grande affinité avec ce droit qui en est la base. Elle recommande fort la prudence par rapport à tout ce qui est l'objet de ses recherches. On y traite du bien être de la société conjugale, de l'éducation des enfans, du gouvernement d'une famille, de la constitution d'un Etat ou d'une république, des avantages & des inconvéniens des différentes formes de gouvernement, des divers soins que

---

v) Mr. Formey a donné un ouvrage très solide sur les principes de la morale. Ce sont d'excellentes réflexions sur ce qui en fait de morale à rapport aux deux facultés de l'ame, l'entendement & la volonté.

doit prendre le souverain pour la prospérité de l'Etat, & en particulier de l'instruction de la jeunesse, des encouragemens à la piété & aux bonnes moeurs, de l'attention qu'il doit donner à tout ce qui peut intéresser la vie & la santé de ses sujets, leurs plaisirs, leur honneur, leur liberté, & leurs biens, le maintien de la justice & une bonne administration des affaires, pour entretenir, tant au dedans qu'au dehors, l'harmonie nécessaire au bien de toute la société politique ; enfin des moyens de rendre son Etat riche & puissant.

Avant que de finir ce discours, je dois encore remarquer par rapport aux limites dans lesquelles ces diverses parties du droit de la nature sont renfermées:

1. Qu'elles roulent à la vérité quelquefois sur les mêmes sujets, mais que c'est sous différentes relations.

2. Que le principe, le but & le motif particulier de chaque science en marquent l'étendue; par exemple: le principe particulier du droit naturel, tant privé que public, est la paix & la tranquillité extérieure ; au lieu que celui de la morale est surtout la perfection intérieure, celle du coeur.

3. Que la sanction en varie pareillement. La sanction des loix naturelles consiste non seulement dans les avantages qui accompagnent na-

turellement l'obéissance à ces loix, & dans les maux qu'entraine leur violation; mais encore dans des peines & dans des récompenses arbitraires que Dieu dispense suivant les vues de sa sagesse, & qu'il manifeste quelquefois ici bas d'une manière frappante. On ne sauroit douter de cette vérité. En effet les suites heureuses ou malheureuses de la vertu & du vice, ne sont pas toujours proportionnées au dégré de bonté ou de méchanceté des actions humaines. Il y a des occasions où l'homme vertueux ne peut s'acquiter de son devoir, sans s'exposer à des maux cruels, & même à la mort. Les perfections de Dieu, & surtout sa sainteté & sa justice, nous garantissent donc qu'il en sera dédommagé dans une autre vie, & l'on a tout lieu de s'assurer que l'homme vertueux, l'ami de Dieu, l'objet de sa bienveillance, ne sera pas traité comme le méchant qui est l'objet de son indignation.

Quand il s'agit d'actions vertueuses dont le principe doit être dans le coeur, la sanction des loix naturelles se borne à ces deux sortes de peines, & les hommes dans l'état de nature ne paroissent pas autorisés à user de contrainte, pour s'obliger réciproquement à l'exercice de la vertu; mais quand il est question du maintien de la paix & de la tranquillité avec ses semblables, si l'on ne peut l'obtenir que par la voie de la contrainte & des châtimens, on est autorisé à mettre cette voie en ufage, comme un moyen néceffaire & indifpenfable pour la confervation de la fociété.

Ainfi dans un Etat bien réglé on laiffe à Dieu le jugement des penfées du coeur, comme à celui qui en eft feul le fcrutateur, & à qui feul par conféquent appartient le droit d'en juger. On fe contente d'y maintenir la paix & la tranquillité externe. Cependant comme le bien public repofe furtout fur les vertus qui partent du coeur, on ufe auffi de contrainte pour empêcher les actions vicieufes qui fe manifeftent au dehors, & qui bleffant les bienféances & l'honnêteté font d'un dangereux exemple. On tâche même de former l'intérieur par d'excellens établiffemens en faveur de l'inftruction, tant des citoyens en général que de la jeuneffe en particulier, & par toutes ces ordonnances où l'on fe propofe d'encourager à la vertu, & de donner de l'éloignement pour le vice.

En voilà affez pour remplir la tâche que je me fuis impofée dans ce difcours. On trouvera, à ce que j'efpere, dans cet ouvrage, des principes pour tous les états, fuivant nos différentes rélations, mais en particulier fur les divers objets tant du droit public univerfel que de la politique.

DISCOURS

Réflexions concernant *l'Essai*

Sur le fondement du Droit Naturel, & sur le principe de l'obligation où se trouvent tous les hommes d'en observer les loix *w*).

Quelque haute idée que j'aye de la manière de penser & du savoir de Mr. de Vattel, je ne saurois souscrire aveuglement à toutes ses idées sur ce qui fait l'objet de cet essai; & voici quelques réflexions qui prouveront, à ce que j'espere, que ce n'est pas sans de bonnes raisons. Il me paroit d'abord, que la définition qu'il donne de la *loi* n'est pas exacte. On ne peut admettre des définitions des mots qui sont purement arbitraires, parce qu'il faut les prendre dans le sens que l'usage leur assigne. Or le mot de *loi* ne renferme pas seulement l'idée d'une règle suivant laquelle nous devons déterminer nos actions; mais il suppose encore une autorité qui y oblige les hommes.

La même réflexion a lieu au sujet de sa définition des *loix naturelles*. Car dèsqu'on parle de *loi*, on reconnoit une autorité de laquelle elle émane. Je crois cette notion essentielle à l'idée de *loi*, à moins qu'on ne veuille se faire un langage particulier. D'ailleurs cette expres-

---

w) Cet essai est de Mr. de Vattel, & fait partie d'un ouvrage qu'il a intitulé: *Loisir philosophique &c.* imprimé à Genève en 1747.

PRÉLIMINAIRE. LXXIII

sion ; *tenir de la nature*, est équivoque. Nous *tenons les loix naturelles*, aussi bien que les loix *divines ou révélées*, de Dieu, l'auteur de notre être & de notre nature. La différence qu'il y a entre les unes & les autres consiste en ce que les premières se connoissent par les seules lumières de la raison, au lieu que pour arriver à la connoissance des autres il a fallu une révélation expresse. Quoiqu'en disent Mr. de V. & ses partisans, on ne peut *tenir une loi* que d'un supérieur.

Il est étonnant que dans la notion des loix naturelles on estime pouvoir se passer de l'idée d'un Etre suprême, pendant que toutes les nations policées reconnoissent un Dieu, & l'obligation de lui obéir.

Puisqu'il y a un Dieu, il faut donc se mettre au fait de ses vues & de sa volonté qu'il a manifestées dans ses ouvrages, pour faire connoître les loix qu'il nous a prescrites.

Il ne s'agit nullement ici d'établir une volonté *arbitraire*, ni de disputer si Dieu a pu vouloir agir contre les idées de perfection qu'il a eues de toute éternité dans son entendement : dispute vaine & frivole ! Car dès qu'on suppose qu'il est tout parfait, on reconnoit par cela même qu'il veut & a toujours voulu ce qui est digne de sa sagesse & de ses perfections infinies : mais c'est toujours librement qu'il choisit le parti qu'il prend, & on n'est pas fondé à le priver d'une volonté, à moins que d'en faire un être nécessaire, peu différent du Dieu de Spinoza, ou du *fatum* des stoïciens. Si donc Dieu a une volonté, s'il l'a manifestée dans les oeuvres de la création, si par les seules lumières de la raison, on peut parvenir à connoître ses vues & sa volonté en étudiant la nature, quoi de plus raisonnable que de se mettre au fait de ses desseins, & de ce qu'il a voulu nous prescrire en les imprimant dans ses ouvrages, d'une manière souvent si frappante qu'ils n'échappent pas aux plus simples. La nature de l'homme, son essence, aussi bien que la nature & l'essence des choses, sont donc sans contredit d'excellens moyens de connoître nos devoirs; mais ils ne suffisent pas.

On ne sauroit construire l'édifice de la morale, ni le rendre complet & achevé, qu'on n'y renferme l'idée d'une vie à venir & de l'immortalité de l'ame : or cette vie à venir sur quel fondement plus assuré repose-t-elle que sur l'idée d'un être juste, tout puissant & tout parfait. Il faut donc nécessairement que l'idée de Dieu y entre; & n'y entrera-t-elle qu'accessoirement ? Cela ne me paroit pas convenable, puisque c'est Dieu qui impose la loi, & qui seul est en droit de l'imposer.

Quoiqu'il soit donc vrai que pour parvenir à connoître nos devoirs, il faut commencer par étudier la nature & les rapports des choses, pour juger enfuite de leur convenance ou difconvenance, cela ne donne pas à l'effence & à la nature des chofes le premier rang, quand il s'agit du *principe* de l'obligation, à moins qu'on n'entende uniquement par ce mot la *première fource* dans laquelle l'homme commence à puifer la connoiffance de fes devoirs; mais ce n'eft pas là ce qu'on doit entendre par *principe* de l'obligation; & il me femble qu'il s'agit de favoir quelle eft la *première & principale caufe* qui nous impofe la loi. Or c'eft fans contredit Dieu qui nous l'a donnée, & qui nous a rendu capables d'y conformer nos actions, & de juger de la convenance ou de la difconvenance des chofes; tant par le moyen de la raifon que par le fecours du fentiment ou fens moral, qui malgré nous & indépendamment de tout motif d'intérêt, fert à nous faire reconnoître & à approuver les actions véritablement vertueufes. L'idée de Dieu doit donc entrer dans la recherche & la connoiffance de nos devoirs, comme le premier mobile dans l'ordre des chofes, & le motif de l'intérêt perfonnel, fuppofé même qu'il fût inféparable de la nature humaine, ne doit y entrer tout au plus que dans le fecond rang. C'eft là le langage de la religion, & c'eft auffi celui des hommes les plus vertueux, qui ont toujours foigneufement diftingué les actions fuivant les motifs louables ou blamables qui les ont produites;

Ainsi quelque réglé que soit l'amour de nous-mêmes, il doit être subordonné à la volonté de Dieu, que l'homme ne peut se dispenser d'observer quoiqu'il n'apperçoive pas toujours l'utilité qui lui en revient: ce qui est très conforme à la raison & même à l'expérience qui prouve qu'en plusieurs occasions un homme bien né, & qui a des moeurs, se détermine à faire une bonne action, sans aucun retour sur lui-même.

D'ailleurs le *principe de la volonté de Dieu* est plus facile à saisir, & plus sensible pour le gros du monde. L'existence de l'Etre Suprême, & le droit qu'il a de nous donner des loix, sont des vérités que notre esprit reçoit sans aucune peine, & qui lui sont familières. Qui plus est ce principe est si digne de l'homme qui a besoin de se remplir sans cesse de l'idée de Dieu & de ses perfections, pour se maintenir dans le devoir dont ses passions & l'amour propre surtout s'efforcent sans cesse de le détourner. L'idée au contraire d'essence & de nature, ou de convenance, outre qu'elle est un peu abstraite & équivoque pour plusieurs, ne suffit pas pour nous mettre au fait de toutes nos obligations. Il convient donc d'employer aussi dans cette vue les voies les plus faciles & les plus généralement persuasives.

Il est de ma convenance, dira le voluptueux, de me livrer au plaisir & à tous les penchans de mon coeur; La vie est courte il faut en jouir.

Je préfère mille fois la mort à une vie triste & remplie d'ennui. Le néant m'attend au sortir de ce monde; que me serviroit de m'être privé de mes cheres délices, toutes criminelles qu'elles vous paroissent? Je ne crains point de faire une mauvaise action qui m'est avantageuse, dira le méchant, si tôt que je puis la commettre en secret, & sans avoir à redouter le jugement des hommes. Le courtisan ambitieux, qui voit pleuvoir les graces sur les plus lâches adulateurs qui flattent le prince dans ses désirs les plus ruineux à la société, sacrifiera-t-il l'esperance de faire fortune, & de vivre dans l'opulence & dans les honneurs, dans lesquels il voit souvent que les hommes les plus méprisables se maintiennent jusques à la fin de leur carrière, à l'idée de pure convenance? Il faut donc présenter aux hommes des idées propres à faire sur eux de plus vives impressions; Il faut pour faire de pareils sacrifices qu'on soit intimément convaincu de l'existence de Dieu, de l'immortalité de l'ame, & d'une autre vie où les injustices recevront leur châtiment & la vertu sa récompense. Il n'y a en effet que l'idée de cet Etre, infiniment parfait & souverainement juste, qui puisse fournir des notions raisonnables de la convenance ou disconvenance des choses, surtout quand il s'agit de nos obligations: raison bien forte & pressante, pour mettre cette idée à la tête des principes des loix naturelles. Je ne puis m'empecher de trouver que Mr. de Vattel tombe dans le même inconvénient qu'il reproche à Barbeyrac, à savoir, de se payer de mots. C'est ce qui me semble résulter encore plus particulièrement des réflexions suivantes.

Il y a grande apparence, que toute la dispute contre Barbeyrac au sujet du *principe de nos obligations* n'est dans le fond qu'une dispute de mots, cependant elle demande d'être éclaircie.

On entend par *principe*, ou la *première cause*, ou la *source* & ce qui est conçu le premier dans la composition des choses, ou une *maxime*, ou enfin un *motif*, une *raison*.

On entend par *obligation*, ou *l'état* dans lequel nous sommes rélativement à nos devoirs, & c'est dans ce sens que les loix Romaines disent, *in obligationem redire*, *in obligatione contineri*, ce qui revient en quelque façon à la *qualité morale* de Puffendorff; ou bien ce mot signifie, comme s'exprime encore le droit Romain, *un lien* (*vinculum juris;*) *une nécessité*, qui nous astreint à remplir nos devoirs, *un engagement*.

Obliger se prend pareillement ou pour *imposer* l'obligation d'agir, ou simplement *porter*, *exciter*, *engager* à faire l'action.

Motif est ce qui meut & porte à faire quelque chose.

Enfin l'on entend par *droit* non seulement ce qui est *juste*, mais encore le *pouvoir & l'autorité*

torité de commander aux autres, & de leur prescrire des loix. Ce sont là des significations différentes qu'il ne faut pas confondre.

Lors qu'on demande à un citoyen, pourquoi il obéit à un souverain légitime, ou quel est le *principe de l'obligation* dans laquelle il est d'observer ses loix ; il n'est pas ordinaire que par une pareille question on veuille être instruit des motifs qui le portent à y conformer ses actions, mais on veut qu'il nous dise sur quel fondement & de quelle autorité le souverain lui impose des loix ; pourquoi il est vis-à-vis du souverain dans cet état de dépendance & de soumission qui le lie, & l'astreint à faire sa volonté.

Pour répondre raisonnablement & convenablement à une pareille question, il faut donc qu'il dise que le souverain a un droit, c'est à dire, une autorité légitime de lui imposer des loix, & de le réduire dans cet état de dépendance & de soumission. Les dispositions intérieures de l'ame du citoyen, les motifs par lesquels il se détermine, ne changent pas la nature de son obligation, non plus que le droit de celui qui prescrit la loi. Ce sont là des idées tout-à-fait différentes les unes des autres, & l'on ne sauroit s'empêcher d'en reconnoître la diversité lorsqu'il s'agit de loix naturelles, à moins de brouiller tout, ou de priver

Dieu de la qualité de législateur & d'auteur de ces loix.

J'en conclus que lorsqu'il s'agit du *principe* de nos obligations, il faut entendre par *principe* la *première cause*, l'auteur de la loi. Et quant au mot *d'obligation* on peut le prendre, ou pour *l'état* où nous sommes rélativement à nos devoirs, ou pour une *qualité morale*, ainsi que l'a pris *Puffendorff*, ou bien comme une *nécessité*, un *lien* qui nous astreint à l'observation de la loi.

Mais dans tous ces sens l'idée de Dieu y entre naturellement. Car si c'est celui *d'état*, c'est de Dieu que nous le tenons ; s'il s'agit d'une *qualité morale*, c'est Dieu qui nous l'a donnée, & s'il faut entendre par *obligation* un *lien*, une *nécessité*, c'est encore Dieu qui en est la première cause. Cela est si vrai que c'est la raison pourquoi on distingue cette nécessité en *physique & morale*, elle est *physique*, quand elle vient entièrement, soit de Dieu, soit de quelque cause seconde ; que notre volonté n'y entre pour rien, & que nous sommes forcés à l'action ; mais elle est *morale*, quand nous nous soumettons volontairement, & que c'est librement que nous nous déterminons à l'action qui nous est prescrite.

Pour se convaincre que dans l'idée *d'obligation* il faut concevoir quelque chose d'antérieur au motif qui nous engage à y satisfaire, on n'a qu'à remarquer que parmi nos différentes obligations, il y en a quelques unes qui quoiqu'elles dérivent de la loi à certains égards, n'obtiennent cependant leur force & le lien qui nous astreint, qu'en vertu de notre propre consentement, ainsi qu'il arrive dans les conventions. C'est dans ce sens que l'on peut dire en quelque sorte que le lien ou la nécessité vient de nous, & non pas d'un supérieur. C'est encore dans ce sens que le droit distingue les obligations en *réelles, verbales, par écrit, & parfaites par le consentement*, suivant la nature des affaires, & que le lien dérive de la chose, des paroles solemnelles, de l'écriture, ou de notre consentement. D'où il me paroit résulter manifestement, que ce qui constitue *l'obligation* est toujours pris ou de la volonté du supérieur, ou de la nature de l'affaire, & jamais du motif qui nous détermine, & encore moins de notre intérêt; puisque l'on est souvent *obligé* contre son intérêt & contre sa volonté: en un mot, que l'obligation subsiste indépendamment du motif qui nous porte à faire l'action prescrite, & avant que nous nous y déterminions en liant le motif à l'action.

Voilà les idées qu'il faut attacher à ces termes en parlant de nos devoirs. Or il paroit que Mr. de Vattel & ses partisans prennent les mots de *principe* & *d'obligation* dans tout un autre sens. Ils entendent par *principe* la première source où l'on puise la connoissance des choses, & ils se servent du mot *d'obliger* dans le sens où il signifie *porter*, *exciter*, *engager*, & où il renferme l'idée de *motif*. Mais quand même ils seroient autorisés par l'usage à employer aussi ces mots dans le sens de *source* & de *motif*, lorsqu'il ne s'agit pas du droit de prescrire des loix, ou qu'on leur accorderoit même leurs conséquences dans le sens dans lequel ils les emploient, s'ensuivroit-il qu'ils fussent autorisés à blâmer Barbeyrac, d'avoir suivi l'usage le plus communément reçu, & fondé sur la nature même de la chose, en prenant ces termes dans le sens qu'il convient d'y attacher, quand il est question de loi & de devoir.

Au reste, lorsqu'on prend le mot de *principe* dans le sens de *source* ou de *moyen* de connoître nos obligations naturelles, on doit admettre tous les moyens qui y sont propres, comme autant de voies dont la providence s'est servi pour instruire les hommes de leurs devoirs, en tant qu'ils peuvent en acquérir la connoissance par les seules lumières de la raison. Tels me paroissent ceux que j'ai indiqués dans mon discours préliminaire.

Mr. de Vattel se prévaut de ce que Barbeyrac puise dans la même source que lui, mais pourquoi ne le feroit-il pas, puisque c'eſt en effet une excellente ſource? il ſuffit que cette ſource ne ſoit pas unique, pour approuver toutes celles qui peuvent ſervir au but qu'on ſe propoſe de connoître les loix naturelles. Il n'eſt pas mieux fondé, lorſqu'il nous accuſe de n'attacher aucune idée raiſonnable à ces expreſſions: *Je ſuis dans l'obligation de faire telle choſe*; car cela ſignifie: *Je ſuis dans un tel état qui exige telle action, indépendamment du motif qui m'y porte, ou qui doit m'y porter.* Et pour pouvoir me faire une idée du lien qui y eſt attaché, je conſidére comment je ſuis dans cet état; quel eſt l'être qui m'y a placé & impoſé un lien, une néceſſité; & s'il a été en droit de le faire, c'eſt à dire, ſi ſon autorité eſt légitime. Dès que j'ai reconnu qu'il eſt en droit de me donner des loix, & qu'il m'en a en effet données, j'ai l'idée *d'obligation*. Ce n'eſt que lorſqu'il s'agit enſuite de me déterminer à l'obéiſſance, que je pèſe les *motifs* qui m'y engagent, auſſi bien que ceux qui doivent me porter à obſerver la loi preſcrite. Ce qui *conſtitue l'obligation*, c'eſt donc le droit du l'égiſlateur, & non le motif qui n'eſt qu'un moyen que le légiſlateur nous préſente, pour nous engager à répondre à ſes vues. Où eſt donc le verbiage que l'on reproche à Barbeyrac? Sur quoi fondé peut-on nous accuſer, de confondre les choſes? N'y auroit-il pas lieu à récriminer, en diſant qu'il y a réellement confusion d'idées, quand on définit *l'obligation*: *la connexion ou la liaison du motif avec l'action*, puisque cette liaison n'est pas *l'obligation* même, mais une suite, un effet de l'obligation, entant que l'homme est obligé de faire l'action par les motifs que le législateur approuve. Ce n'est que devant les tribunaux humains que l'obéissance extérieure suffit; mais devant le tribunal de Dieu, il faut pour satisfaire à mon obligation que je fasse l'action par des motifs raisonnables. En liant ainsi à l'action un motif raisonnable, je satisfais à mon obligation, qui existoit déjà auparavant: Donc *lier le motif à l'action*, ou *satisfaire à l'obligation*, n'est pas *constituer l'obligation*, & l'on n'est pas autorisé à confondre l'un avec l'autre.

Voilà qui me paroit suffisant pour justifier pleinement Barbeyrac des imputations qu'on lui a faites par rapport au *principe de l'obligation*.

Je ne crois pas devoir m'arrêter plus longtems sur ce sujet, non plus que sur ce que Mr. de Vattel dit du motif de *l'amour de nous-mêmes*, qu'il représente comme le motif primitif de nos obligations qui ne dérive d'aucun autre, pendant qu'il dérive incontestablement de Dieu qui l'a mis en nous, non comme motif *primitif* & qui doit occuper le premier rang dans l'ordre des principes de nos obligations, mais comme un motif *subalterne* & un moyen de nous faire connoître sa volonté, lequel a eu besoin d'un correctif & du frein qu'il a reçu dans l'espèce de sens moral dont l'homme est pourvu, afin de reconnoître la beauté de la vertu, indépendamment de l'intérêt qu'il a à la pratiquer. J'ai montré suffisamment, dans le discours préliminaire, que dans l'ordre des choses l'homme doit être déterminé non seulement par le motif de l'intérêt, mais surtout par des motifs plus nobles, plus purs, tels que sont ceux qui sont pris de l'amour de Dieu, du désir de lui plaire, de la beauté de la vertu & de l'idée de la perfection à laquelle il est appellé, motifs dont les sages même du paganisme ont reconnu l'excellence & la nécessité pour un être tel que l'homme, capable de s'élever à la connoissance de l'Etre suprême.

Je finis ces remarques par protester que je rends toute la justice qui est due à Mr. de Vattel & à ses partisans, & que je suis intimément persuadé, qu'ils ont eu les meilleures intentions du monde en faveur des moeurs & de la vertu ; mais je ne puis m'empêcher de craindre, qu'en cherchant à établir la science des moeurs, indépendamment de l'idée de Dieu, ils n'ayent, sans le vouloir, & contre leur dessein, affoibli dans le fond l'impression que doivent faire fur l'efprit des hommes les préceptes du droit naturel & de la morale. J'ai eu occafion de me convaincre, que mes craintes ne font pas tout-à-fait fans fondement; & voilà pourquoi je me fuis cru obligé en confcience de traiter de cette matière, & d'y infifter dans un ouvrage, où je me propofe de contribuer autant qu'il dépend de moi à la gloire de Dieu & au bonheur des hommes.

PRINCIPES

D'UN

BON GOUVERNEMENT,

OU

RÉFLEXIONS

MORALES ET POLITIQUES.

TOME PREMIER.

PRINCIPES
D'UN
BON GOUVERNEMENT,
OU
RÉFLEXIONS
MORALES ET POLITIQUES.
CONTENANT
LES PRINCIPES DE NOS OBLIGATIONS NATURELLES.

CHAPITRE I.
De la liaison qu'il y a entre la morale & la politique, & des sources qui nous conduisent à Dieu, l'auteur des loix naturelles.

I.

La morale est la science, qui traite des vertus & des vices; & comme par la sagesse de Dieu le vrai bonheur de l'homme est lié d'une manière inséparable avec la vertu, on peut dire, que la morale est la science du bonheur, ou l'art de se rendre heureux.

2.

La politique a beaucoup de rapport avec la morale *a*) ou le droit de la nature; elle en est une branche. C'est la science du gouvernement des hommes réunis en société. C'est l'assemblage des maximes qu'on doit suivre, & des moyens qu'on doit employer pour les rendre heureux. En un mot, c'est la morale elle-même, appliquée à l'établissement & au gouvernement d'une société civile, en tant qu'elle est renfermée dans les bornes que prescrit la nature de cette société.

3.

La morale étant pour tous les hommes, il faut que ses principes soient à la portée des plus simples, que les seules lumières de la raison suffisent pour les découvrir, & que chacun soit en état d'en déduire tout ses devoirs par des conséquences justes & faciles *b*).

a) La morale est prise ici dans le sens le plus général. Au reste, il seroit inutile de s'arrêter à distinguer le droit public universel de ce que l'on entend par la politique dans un sens étroit; on peut à l'aide des principes établis reconnoître aisément ce qui est juste ou simplement utile. Voyez le *disc. prél.*

b) Celui qui possède bien les principes de la morale, du droit naturel & de la politique en général, pourra aisément en faire l'application aux sociétés & aux républiques particulières rélativement au but que l'on s'est proposé dans leur établissement.

4.

L'ordre & la régularité *a*) fuppofent une intelligence. Dire que le hazard, ou le concours fortuit des atomes, a produit le bel arrangement, que l'on appercoit dans la nature, c'eft employer des mots vides de fens. Un homme qui raifonne, ne peut attribuer à une caufe aveugle, un effet auffi admirable que l'ordre merveilleux qui règne dans les chofes même inanimées; comment concevroit-il que le hazard, a pû produire un être raifonnable tel que l'homme! Des parties deftituées de connoiffance, ne feront jamais en s'uniffant qu'un tout bizarre & mal affortí, & l'on ne conçoit pas que leur réunion puiffe jamais produire un être doué d'intelligence.

5.

D'ailleurs n'eft-il pas naturel, n'eft-il pas raifonnable, de prendre toujours le parti le plus

---

a) Mr. Süfsmilch montre en particulier dans la propagation des hommes de la manière la plus convaincante combien cet ordre eft admirable, parfait & permanent. voyez la remarque fur le §. 64. concernant *la providence*.

„N'eft-ce pas le comble du déréglement & de la folie, „de ne comprendre rien dans la nature, & de vouloir tout „comprendre dans la religion? de rejetter le fentiment „général de tous les autres hommes, fous prétexte qu'on „ne comprend pas tout, lorsqu'on en embraffe un autre „qui renferme un plus grand nombre de difficultés, & des „objets plus incompréhenfibles? Nos raifons font prifes „de tout ce que nous connoiffons, & les raifons des athées „de tout ce qu'ils ne comprennent point." Abbadie. *Vérité de la religion chrétienne*.

sage, le plus sûr, le plus avantageux, & le moins susceptible de difficultés & d'inconvéniens ? Pourquoi dans l'affaire du monde qui nous intéresse le plus, agirions-nous avec moins de circonspection & de prudence que dans toutes les autres occurrences de la vie, où l'homme sage & prudent préfère toujours ce qui a la plus grande apparence de vérité.

6.

Le système donc qui rend raison de tout ce qui existe, autant que les bornes étroites de l'esprit humain peuvent le permettre, qui nous enseigne quelle est la cause de l'existence des êtres, & quel est l'auteur qui leur assigne à chacun sa place ; qui montre quelles sont les vues de Dieu sur l'homme, & quelle est sa destination ; qui indique enfin une voie infaillible pour le faire arriver à la félicité ; ce système, dis-je, est le plus probable, & sans contredit le seul digne d'un être raisonnable.

7.

Quelle variété, quel concert, quelle harmonie dans la nature ! Plus vous acquérez de connoissances & de lumières, plus vous êtes en état d'appercevoir la perfection des êtres qui vous environnent, & plus vous serez saisi d'étonnement & d'admiration, en voyant comment chacun d'eux concourt avec les autres à former cet accord merveilleux qui aboutit au bien de l'univers entier. La destruction de l'un sert à la confervation de l'autre, & les défauts apparens de quelques parties font de vraies beautés à l'égard du tout auquel elles fe rapportent.

8.

Comment fe peut-il qu'il y ait des gens affez infenfibles pour ne point être touchés de ces beautés ? Ils fe croient cependant fages, & entendus a). Mais fur quoi fondent-ils leurs prétentions ? N'eft ce pas fur les connoiffances qu'ils ont du monde, des arts & des fciences ? Il s'arrogent de l'intelligence, & ils ofent la refufer à celui qui eft l'auteur de toutes leurs facultés, de leurs talens & de leurs lumières ! mais fouvent auffi pour s'élever au deffus des autres, & faire valoir fes propres découvertes, on parvient à s'aveugler ; & dans cette difpofition d'efprit, on fe fait les plus grandes illufions. Témoin cet homme célébre, & d'un mérite

a) Par les obfervations & les calculs que les Aftronomes modernes ont été en état de faire depuis l'invention des tubes, on a lieu de croire qu'il exifte un nombre innombrable d'étoiles, que chaque étoile eft un foleil, & qu'en fuppofant une étoile de la grandeur du foleil, chaque étoile avec fon cortege de planètes qu'elle éclaire, compofe un tourbillon ou un monde, dont l'étendue depuis le centre jufqu'à fon extrémité eft de deux à trois cens millions de miles d'Allemagne. Peut-on réfléchir fur cette immenfité de tourbillons d'une étendue fi vafte fans que l'imagination en foit abforbée ? Ce qui devroit bien nous humilier, & en mefurant notre petiteffe & notre foibleffe, nous engager à refter dans les limites que la nature & la raifon nous prefcrivent.

d'ailleurs très diftingué, qui pour donner une forte de relief à fa *loi de l'épargne*, s'efforce d'affoiblir l'argument tiré des merveilles de la nature & des deffeins de Dieu dans la création de l'univers. Cependant cette *loi de l'épargne* ne lève, en aucune façon, les difficultés qu'il fait contre le fyftême reçu de tout homme impartial. La moindre action ne prouve, de fon propre aveu, la fageffe & la bonté de l'Etre fuprême, qu'autant que le motif qui l'a fait établir, & le but auquel elle fert, font dignes de lui. Il faut donc que pour foutenir fon principe, il emploie la même preuve qui eft prife des deffeins de la providence, quoiqu'il ait ofé l'attaquer fans le moindre fondement. Rien ne montre mieux encore avec quelle précipitation l'on peut porter un jugement, lorsqu'on eft prévenu de quelque opinion favorite, que la contradiction manifefte dans laquelle il tombe, en honorant du nom de *probable* le cas de la production du mouvement des planètes par le hazard, après avoir avoué lui même, fuivant un calcul (qui eft infiniment au deffous de la vérité) que ce cas eft comme 1 à 1419856. *a*).

a) Mr. de M. n'étoit pas mieux fondé, lorsqu'il fembloit méprifer les recherches de Réaumur. Eft-ce donc que l'intelligence & la fageffe fe mefurent à l'aune, & qu'elles ne brillent pas avec éclat dans les moindres créatures? voyez le traité de Mr. Reimarus fur *les principales vérités de la religion naturelle* où il combat Mr. de M. d'une manière triomphante. Il n'eft pas moins judicieux dans les
réflexi-

9.

Fixons encore un moment notre attention sur l'incrédule & sur son aveuglement. Il a par devers soi des milliers d'expériences qui lui prouvent, que tous les animaux proviennent des oeufs ou des germes, par la conjonction du mâle avec la femelle; & il prétend néanmoins sur des expériences de son aveu très incertaines, démenties même par d'autres observations plus sûres, renverser les systêmes les mieux établis.

Ceux qui ont calculé avec quelque bonne foi la probabilité des productions harmoniques réflexions qu'il fait contre ceux qui rejettent les causes finales, & qui prétendent que ce que nous regardons comme des desseins de la providence, ne sont que des convenances morales, des rapports arbitraires; mais où est l'arbitraire dans le jugement que nous formons du monde, & de l'utilité dont il est pour des créatures sensibles & intelligentes ? Ces savans eux-mêmes ne se bornent pas aux causes efficientes dans les recherches qu'ils font : ils tâchent également de découvrir pourquoi les forces agissent d'une manière plutôt que d'une autre; quelle raison les fait agir; & à quelles intentions elles opèrent. S'ils ne le faisoient pas le monde seroit pour eux entièrement inconcevable. Pour en avoir une idée, il faut nécessairement admettre des causes finales, aussi bien que des causes efficientes, & les premières sautent aux yeux de tout homme qui ne les ferme pas volontairement à la lumière, ou qui ne se repait pas d'illusions. En se refusant aux preuves de sagesse & de bienfaisance pour le genre humain que Dieu nous donne dans ses ouvrages, on court grand risque de s'égarer dans les raisonnemens. C'est ce qui fait qu'un esprit de nos jours qui a d'ailleurs des talens distingués, ne voit dans la construction d'une ruche que des efforts contraires & réci-

par le hazard, ont conclu, ainſi qu'on l'a vû, que cette poſſibilité ne doit être regardée que comme un infiniment petit, comme un rien, en comparaiſon de la certitude que nous avons que c'eſt une cauſe intelligente qui a produit cet univers. Peut-on ſe mettre dans l'eſprit, que le hazard auroit pu produire des ouvrages ſuivis, raiſonnés & ornés de toutes les graces d'une diction élégante & pure, tels que ſont l'*Iliade* & l'*Enéide*, dont le dernier contient ſeul plus de trois cens mille lettres; & qu'eſt ce que cela en comparaiſon de l'univers entier? Quelle idée attache-t-on au *hazard*? N'a-t-il

proques d'une abeille contre l'autre, leſquels produiſent ces cellules régulières de figure hexagone, la plus propre que l'on eut pu trouver pour l'uſage auquel elles ſervent. Mais Mr. Reimarus ne ſe paye pas de mots, & fait voir qu'on ne peut être ſatisfait d'une explication qui ne rend aucune raiſon de ces travaux des abeilles, dignes de toute notre admiration? Pourroit-on dire en effet que tout un régiment pruſſien ſe meut par une impreſſion aveugle, & que le bel ordre qui règne dans ſes évolutions eſt le réſultat unique des mouvemens contraires, & qui ſe choquent, ſans que perſonne eût réglé auparavant la marche & le maintien de chaque ſoldat, pour répondre aux vues du général qui le commande; ou qu'un orgue pût donner divers ſons harmonieux par la ſimple action de l'air dans les tuyaux? Non, ſans doute. Il en eſt de même des moules intérieurs qu'il ſe forge pour modifier la forme intérieure de chaque partie d'un corps organiſé, quoiqu'il ſoit évident qu'un moule ne peut agir que ſur la ſurface des corps. Auſſi a-t-il ſenti lui-même le foible de pareilles aſſertions, puiſqu'il eſt obligé d'avoir recours à des forces inconnues dont, de ſon propre aveu, on ne peut ſe faire aucune idée.

donc pas également ſes règles, *a*), & des règles qui entrainent néceſſairement après elles le déſordre & la confuſion ? elles ſont donc entièrement oppoſées à l'ordre ; & ne peuvent jamais l'amener. En effet il n'y a ni poſſibilité interne, ni poſſibilité externe ; D'où ſeroit venu le nombre de lettres & de caractères ſuffiſans pour imprimer ces chefs-d'oeuvres ? Et pour en former le plan & l'exécuter avec cette ſupériorité, combien de choſes falloit-il réunir dans les grands perſonnages qui en furent les auteurs ? talens naturels, vivacité d'imagination, connoiſſance intime des préceptes de l'art & des règles de la poëſie, pour s'y conformer dans chaque ligne, dans chaque ſyllabe & dans chaque lettre, mémoire ornée des plus beaux traits, délicateſſe de langage, habileté dans le choix des mots les plus propres, les plus expreſſifs & les plus harmonieux, auſſi bien que dans l'emploi des ima-

a) C'eſt-à-dire, qu'une choſe arrive ſans avoir été prévue ni arrangée, & ſans que l'intelligence, le choix, le diſcernement, ni l'induſtrie y entrent pour rien. *Reimarus.* D'ailleurs n'étant pas prouvé que tous les jets poſſibles doivent néceſſairement arriver, même pendant toute l'éternité, & qu'à chaque nouveau jet il ſeroit auſſi incertain que tel ou tel jet arrivera, ainſi que le ſoutient avec beaucoup de raiſon Mr. de la Condamine, n'eſt-il pas évident que l'on eſt très fondé à aſſurer, que jamais cet jets, où il faut raſſembler tant d'intelligence & de choſes prévues & arrangées d'avance dans l'entendement divin, ne pourroient arriver, ſi l'on faiſoit abſtraction de l'intelligence & de la prévoyance requiſes pour les produire.

ges & des figures, goût exquis & discernement juste pour rejetter ce qui n'est que clinquant, & préférer le solide aux saillies d'une imagination éblouissante mais fausse ; voilà ce que le hazard ne rassemblera jamais : & quant à l'impression de ces ouvrages, il ne suffisoit pas d'avoir les caractères en nombre suffisant ; il falloit de plus un compositeur entendu, pour mettre chaque caractère à sa place, & enfin un correcteur habile & exact, pour corriger les fautes qui pouvoient être échappées au premier. N'est-ce pas se moquer que de supposer qu'en mettant ces caractères pêle-mêle dans une casse, & les tirant sans choix, on puisse jamais avoir la suite des lettres nécessairement requises pour représenter les idées & les expressions de ces chef-d'oeuvres de génie ? S'il est donc contradictoire que le hazard aît pu nous procurer une *Iliade* ou une *Enéide*, combien plus l'est-il encore qu'il aît pu produire notre ame même, la mémoire, l'esprit, l'intelligence, l'imagination & la raison. *a*).

10.

Il y a donc un Dieu, auteur & conservateur de l'univers, & de tout ce qu'il renferme. Il y a donc un être intelligent, tout sage, tout puissant, tout bon, & tout parfait. Par tout nous le trouvons tel, & par tout nous rencontrons

---

a) Mr. *Reimarus*. *Ciceron* fait le même raisonnement. Voyez le traité *de Natura Deorum l. II*, c. 2.

de nouvelles merveilles & de nouvelles preuves de sa souveraine perfection.

S'il n'existoit pas *de toute éternité* un premier être, une première cause de toutes choses, il y auroit eu un tems, où rien n'auroit existé, & par conséquent le *rien* auroit été la cause de la réalité & de l'existence des êtres.

Si cette premiere cause n'étoit pas *nécessaire*, rien n'auroit déterminé l'existence des êtres contingens, qui ont nécessairement une cause externe de leur existence, & de ce qu'ils sont d'une manière plutôt que d'une autre. Si ce premier être n'existoit pas *par lui-même*, tout ce qui existeroit auroit la raison de son existence hors de soi, & seroit par conséquent dans la dépendance d'autrui, sans qu'on pût néanmoins trouver nulle part l'être dont toutes les choses dépendent; Mais ce sont là tout autant de conséquences absurdes & contradictoires qui résultent de l'athéisme a).

II.

Nous sommes à la vérité obligés, en raisonnant sur la première cause, de tenir le même langage que les partisans de Spinoza, lorsqu'ils parlent de l'univers, & de dire de Dieu, qu'il est parce qu'il est; quelle différence cependant entr'eux & nous! Nous sentons comme eux l'obligation & la nécessité de recourir à un premier être qui existe nécessairement, & par lui-

a) Mr. Reimarus.

même; mais en examinant l'univers & ses parties, nous n'y voyons rien qui indique la nécessité de son existence; au contraire par tout nous appercevons des êtres contingens dont chacun est toujours lié avec d'autres, sans l'existence desquels il ne pourroit exister lui-même; & nous ne pouvons concevoir, que des êtres qui sont visiblement dans la dépendance les uns des autres, puissent être les auteurs de leur propre existence. Ainsi tout homme de bon sens qui veut faire usage de sa raison, & de ce que l'expérience enseigne sur ce sujet, reconnoîtra qu'il faut recourir à une première cause qui existe nécessairement par elle-même; mais il ne la cherchera pas dans ce monde, dont la contingence est si palpable. Il faut de toute nécessité la chercher ailleurs : le Spinoziste erre donc dans l'application du principe. D'ailleurs Spinoza donne de la substance une définition arbitraire & fausse: il prétend démontrer ce qu'il a simplement supposé. Le monde n'a point une notion de lui-même, comme il le suppose de la substance. C'est donc sans fondement qu'il lui accorde une propriété qu'il n'a pas. On ne sauroit se faire une idée du monde par les notions arbitraires qu'il donne de la substance. Il faut pour cet effet admettre d'autres notions. En détruisant ainsi la définition qui fait le fondement du dangereux système de Spinoza, vous en renverserez tout l'édifice. Quelles ne sont pas les suites funestes de son erreur? Il prive l'homme de toutes les consolations que l'idée d'un Dieu bienfaisant nous procure; il préfère, sans fondement légitime, l'affreux néant à la douce persuasion de l'immortalité; enfin il se plait dans les ténèbres, & semblable à un aveugle qui voudroit marcher sans guide, il court à travers champs, sans jamais savoir ni où il est, ni d'où il vient, ni où il va.

12.

„Je me pique d'ignorer tout cela, sans être „plus malheureux; dit un fameux sceptique. „Ce n'est point ma faute, si j'ai trouvé ma rai- „son muette, quand je l'ai questionnée sur mon „état. Toute ma vie j'ignorerai sans chagrin „ce qu'il m'est impossible de savoir". Vaine déclamation d'un esprit qui s'égare! Bien loin qu'il soit impossible de parvenir à la connoissance de l'Etre suprème & de ses desseins *a*), il ne faut qu'ouvrir les yeux, & n'avoir aucun intérêt à les fermer.

C'est donc uniquement la faute de l'incrédule, si ses passions rendent sa raison muette; il

---

a) La plupart des hommes sont volontairement dans l'erreur. Ils ne peuvent se résoudre à faire à la vérité le sacrifice de leur orgueil, de leurs passions, & souvent du moindre intérêt qui les attache à leurs opinions erronées. Il en coûte trop à l'amour propre pour avouer qu'on a eu tort. C'est ce qui en conduit insensiblement plusieurs dans l'abyme de l'incrédulité, & qui les y retient, malgré les lueurs qui frappent de temps en temps leurs yeux.

seroit très mortifié qu'elle parlât, mais s'il la questionnoit de bonne foi, il gémiroit de son orgueil qui l'empêche de penser comme les autres, & de rentrer dans la foule dont il cherche à se tirer. On pardonneroit au sceptique d'être plein de sécurité dans son ignorance, s'il n'avoit rien à craindre ; mais ayant tout à redouter s'il se trompe, est-il pardonnable de se conduire avec tant d'imprudence dans l'affaire du monde la plus importante ? Pendant que dans toute autre occasion, comme on l'a remarqué, souvent la moindre probabilité sert à le déterminer, il rejette la plus grande probabilité *a)*, quand il

a) La probabilité de chaque fait historique concernant la religion dont il est fait mention dans nos saintes écritures, & son rapport avec l'histoire profane, a une certaine évidence qui frappe les moins crédules ; mais quelle n'est pas la force victorieuse de *l'ensemble*, considéré avec impartialité ! Quels soins, quelle attention n'exige-t-elle pas pour se mettre au fait des réponses satisfaisantes par lesquelles nos savans théologiens ont levé les difficultés faites & répétées sans cesse par les ennemis de la religion ? Il me semble que l'on doit s'en contenter, d'autant plus, 1. que l'incrédule ne substitue rien à l'édifice qu'il s'efforce d'abattre, & nous laisse dans une cruelle incertitude ; 2. qu'entre les grandes difficultés il y en a qui ont également lieu contre la providence & la religion naturelle ; enfin 3. que l'on ne court aucun risque en ajoutant foi à une religion revêtue de toute la probabilité requise pour un homme raisonnable, à qui Dieu n'imputera pas assurément d'avoir été de bonne foi dans l'erreur, supposé que la religion chrétienne ne fût pas véritable ; au lieu que l'on a tout à craindre, si par orgueil, ou par légéreté, sans examen, contre les règles de la plus grande vraisemblance,

s'agit de Dieu, de la religion, de sa destination, & de son vrai bonheur, préférant de pures abstractions de l'esprit à ce que dicte le sens commun. Et pourquoi ? Est-ce en effet, comme il le dit, *qu'il se pique d'ignorer tout-cela*. Nulle-

& contre les présomptions les plus fortes, on a refusé de se rendre à la vérité, & rejetté les seules voies de salut que Dieu a offertes au genre humain, pour le tirer de l'abyme dans lequel le péché l'a précipité. On risque tout en ne croyant pas, faute d'un cœur droit & sincère, & rien en croyant & en agissant conséquemment à la foi chrétienne. Peut-on hésiter raisonnablement entre ces deux partis ? D'ailleurs si l'incrédule agissoit de bonne foi, il balanceroit nos preuves avec ses difficultés, & dans ce cas il ne s'efforceroit pas, par exemple, d'affoiblir l'argument pris du martyre des apôtres & des autres disciples de Jésus-Christ, sous le vain prétexte, que les religions les plus évidemment fausses ont pareillement leurs martyrs. Car bien loin que cette objection affoiblisse la preuve que nous en tirons en faveur de la religion chrétienne, elle la rend au contraire incontestable. En effet, un homme qui souffre le martyre est de leur propre aveu persuadé & pénétré de la vérité de son opinion : d'où il suit par conséquent que les disciples de Jésus-Christ étoient intimement convaincus d'avoir vu le Seigneur ressuscité. Or ils n'ont pu se tromper sur ce fait, qui démontre d'une manière triomphante la divinité de sa mission ; & il est moralement impossible que, vu leur caractère & les sentimens qu'ils ont manifestés dans leur doctrine & dans toute leur conduite, ils ayent pu avoir le dessein d'en imposer. Nous avons donc des fondemens raisonnables & suffisans, pour nous assurer que Jésus-Christ est le rédempteur promis, & que sa religion est véritable. Voyez *Les Témoins de la Résurrection de Jésus-Christ examinés & jugés selon les Règles du Barreau* ; *La Religion Chrétienne démontrée par la Résurrection de N. S. J.-C.* par Homfrei Ditton, & Mr. Vernet *sur les miracles*.

ment; mais c'est plutôt pour s'élever au dessus des autres, ou pour se glorifier de sa prétendue force d'esprit, & le plus souvent c'est pour vivre au gré de ses désirs déréglés. Funeste aveuglement! & d'ailleurs quel contraste ne voit-on pas dans la plupart des esprits-forts! Plusieurs tremblent dans les ténébres, d'autres sont troublés pour un rien, & n'assisteroient pas, par exemple, à un repas où il y auroit treize personnes rangées autour d'une même table *a*). Il y en a qui refusent de consulter les saintes écritures, & qui ne font pas difficulté de s'adresser à de prétendus devins,

―――――

a) Il y en a bien peu qui à l'article de la mort ne déplorent leur aveuglement. „L'athée, *dit Terrasson*: ne „montre-t-il pas lui-même quel étoit le principe de son „erreur, lorsqu'il l'abjure dans l'abattement d'une maladie, „après en avoir fait une ridicule ostentation dans la vigueur „de la santé. Et cela ne peut guères être autrement, Car „*comme dit l'Abbé de S. Réal* „la raison qui nous four„nit de malheureuses armes pour ne point croire, nous en „fournit aussi pour nous rendre incertains & tremblans." Feu Mr. de *** incrédule déterminé, disoit à ses amis, que si à l'article de la mort, il témoignoit quelque disposition à croire l'immortalité de l'ame & les autres vérités de la religion, ils devoient être sûrs que ce ne seroit que l'effet de l'affoiblissement du corps & de la maladie. Mr. S*** prédicateur distingué, s'écria: le *malheureux, il n'aura pas cette consolation!* En effet étant près de sa fin, il pria un de ses amis d'engager Mr. S*** à venir l'entretenir de ces vérités; mais quand M. S*** y arriva, il étoit déjà sans connoissance. Un jour il désapprouvoit qu'on fît la charité à de pauvres infortunés, sous prétexte que dans l'ordre des choses il falloit qu'ils le fussent. On le rendit muet, en lui répliquant que son valet avoit donc eu grand tort, le jour

dont les prédictions font pour eux autant d'oracles ; ils accordent à des hommes ce qu'ils refusent à Dieu, & donnent dans une crédulité puérile, tandis qu'ils se révoltent contre la majesté de la foi ; ils doutent non pour s'éclairer sur la vérité, mais uniquement pour douter, & pouvoir s'abandonner à toutes leurs passions : *a)*

précédent que son cheval se cabra, de venir à son secours pour l'empêcher d'être renversé, & que dans l'ordre des choses il auroit dû le laisser se casser le cou. Voilà des travers & des contradictions dans lesquels ces gens sans principes tombent à tous momens.

a) „L'esprit pour peu d'usage qu'il fasse de ses lumières „découvre par tout un être souverainement parfait. Il n'y „a que le cœur qui trouve son intérêt à se révolter contre „cette vérité. Les passions, qui embrassent avec avidité tous „les sentimens qui les flattent, ont soin de détourner les „réflexions de l'esprit, lorsqu'elles ne leur sont pas favo„rables ; elles l'engagent adroitement dans leur parti, & „forment en lui peu à peu l'incrédulité, qui n'est autre chose „que la corruption du coeur. *Terrasson.*„ Heureusement la manière de raisonner de la plupart de nos philosophes modernes, qui cherchent à se distinguer par des opinions incompatibles avec les vérités les plus intéressantes pour le bien de l'homme & de la société, doit nous rassurer contre des traits qui dépouillés des graces de l'élocution sont dénués de toute solidité, & choquent suivant *Thomas Reid* le sens commun. Voyez son traité, intitulé : *An inquiry into human mind on the principles of common sense. London 1764.* Comme Dieu sait tirer le bien du mal même, on a lieu d'espérer, avec cet auteur, que leurs efforts ne seront pas même sans quelque utilité. Il regarde les sceptiques, comme une secte d'hommes dont l'unique occupation est de faire une brèche à l'édifice des connoissances humaines.... „on répare, ajoute-t-il, la brèche, on donne plus „de consistance aux endroits affoiblis, & le résultat du tout

ils voudroient pour cet effet qu'il n'y eût point de Dieu, & que tout finît avec cette vie.

Quelques uns que les sciences ont enflés, au lieu de les humilier, ne peuvent digérer qu'il y ait des choses cachées à leur esprit, ils s'aveuglent en voulant approfondir l'être divin, de même qu'un homme qui fixe ses regards sur le soleil : d'autres, foibles & mal affermis dans la vérité, sont emportés par une fausse honte, & plusieurs ne sont entraînés dans l'incrédulité que sur l'autorité d'un libertin qui les séduit par les graces de son stile & par les saillies de son esprit. „C'est „souvent, comme le dit Massillon, l'autorité d'un „seul discours impie, prononcé d'un ton ferme „& décisif, qui a subjugué leur raison, & qui les a rangés du côté de l'impiété.

„Cependant, continue-t-il, lorsque vous ap„profondissez la plupart de ces hommes qui se „disent incrédules, qui se récrient sans cesse contre „les préjugés populaires, qui nous vantent leurs „doutes, & nous défient d'y satisfaire & d'y ré-

---

„est que l'édifice en acquiert plus de solidité qu'il n'en avoit „auparavant. *Journal des Sçavans 7bre 1765.*„ Voyez le discours du feu P. André *sur l'homme en société*, où il prouve que malgré tant d'obstacles que le vice oppose dans la société aux vertus les plus nécessaires pour la maintenir dans l'ordre, il règne cependant encore sur la terre, 1. l'amour de la vérité, malgré tant de menteurs ; 2. l'amour de la justice, malgré tant d'iniquités, 3. l'amour de la religion, malgré tant d'impies, 4. l'amour de l'honneur, malgré tant d'obstacles que les mœurs opposent dans le monde à l'honnêteté publique.

„pondre ; vous trouvez qu'ils n'ont pour toute
„science que quelques doutes usés & vulgaires,
„qu'on a débités dans tous les temps, & qu'on débite
„encore tous les jours dans le monde ; qu'ils ne
„savent qu'un certain jargon de libertinage qui
„passe de main en main, & qu'on répète sans l'en-
„tendre ; vous trouvez que toute leur capacité &
„leur étude sur la religion se réduit à certains
„discours de libertinage qui courent les rues, s'il
„est permis de parler ainsi ; à certaines maximes
„rebattues, & qui à force d'être redites commen-
„cent à tenir de la bassesse du proverbe. Vous
„n'y trouvez nul fond, nul principe, nulle suite
„de doctrine, nulle connoissance de la religion
„qu'ils attaquent. Ce sont des hommes dissipés
„par les plaisirs, & qui seroient bien fâchés d'avoir
„un moment de reste, pour examiner ennuyeu-
„sement des vérités qu'ils ne se soucient pas
„de connoître, des hommes d'un caractère léger
„& superficiel, incapables d'attention & d'exa-
„men, & qui ne sauroient soutenir un seul in-
„stant de sérieux & de méditation tranquille &
„rassise ; disons-le encore, des hommes noyés
„dans la volupté, & en qui la débauche a peut-
„être même abruti & éteint ce que la nature
„pouvoit leur avoir donné de pénétration & de
„lumières. *a*).

Mais quelle sera la fin de ces esprits super-
bes ou corrompus? „C'est en vain qu'ils dé-

---

a) Sermons de Massillon sur *le carême* pag. 313. 318.

„tournent leur pensée de cette éternité qui les
„attend, comme s'ils la pouvoient anéantir en
„n'y pensant point. Elle subsiste malgré eux;
„elle s'avance, & la mort, qui la doit ouvrir, les
„mettra infailliblement en peu de temps dans
„l'horrible nécessité d'être éternellement ou ané-
„antis ou malheureux *a*).

13.

L'examen des ouvrages de la nature développe
en nous l'idée d'un Dieu tout sage & tout parfait, & cette idée nous sert ensuite à découvrir
ses perfections & la sagesse de ses vues.

Nous l'avons dit, il y a un être nécessaire,
éternel & subsistant par lui-même, parce qu'il
n'y a pas d'effet sans cause, & que la raison nous
enseigne qu'il faut nécessairement recourir à
une première cause.

Cette idée nous conduit à l'immutabilité de
cette première cause & à l'infinité de son essence
& de ses perfections. Car s'il se faisoit dans
ce premier être le moindre changement, s'il
avoit des bornes, il ne seroit pas absolument nécessaire; cet état successif l'assujettiroit au temps,
& détruiroit son éternité. Il est esprit *b*); car
comment celui qui a formé l'esprit & l'intelli-

---

a) Pascal pag 5. de *ses Pensées*.

b) „On ne peut concevoir Dieu que sous l'idée d'un esprit
„pur, sans mélange, dégagé de toute matière corruptible,
„qui connoît tout, qui meut tout, & qui a de lui-même un
„mouvement éternel." *Cic. Tuscul. l. 27.*

gence, seroit-il lui-même sans intelligence? Il est saint & juste, puisqu'il a gravé dans nos coeurs les idées de sainteté & de justice. Et comme il y a un nombre immense d'êtres qui lui doivent leur existence, & que tous ses ouvrages, le ciel, la terre, les astres, les plantes, les animaux, & sur tout l'homme, sont d'une beauté ravissante; on ne peut les attribuer qu'à une puissance & à une sagesse infinie. Il y a un monde, & un monde rempli des merveilles les plus étonnantes, il y a un homme: il y a donc un Dieu, & un Dieu souverainement parfait.

14.

Dès là qu'on est obligé d'avouer que le premier être est nécessaire & souverainement parfait, on convient par cela même qu'il est *unique*, & que c'est à lui seul, que tout ce qui a un commencement, & en particulier le genre humain, doit son existence.

Qui peut en effet croire sérieusement que le genre humain ait existé de toute éternité? Supposer des générations d'hommes qui se sont succédées à l'infini, c'est comme si l'on supposoit qu'une chaîne s'élève en l'air à l'infini. Mais ne voit-on pas que c'est une supposition impossible, & qu'une chaîne ne peut s'élever en l'air, qu'il n'y ait un premier chaînon qui soutienne les autres? On a une notion tout-à-fait fausse de l'infini, quand on s'en forme la même idée que celle que les mathématiciens attachent à leurs infiniment petits, ou infiniment grands, lesquels, de l'aveu de Wolf & de Leibnitz, ne sont que des relations ou de pures abstractions de l'esprit (*a*).

Tout ce qui fait nombre est susceptible d'accroissement, & par conséquent est fini: en particulier le nombre des hommes qui ont existé est fixe & déterminé. Ce qui est au delà n'est que fiction; il est donc borné & susceptible d'accroissement, & par conséquent le genre humain ne subsiste pas de toute éternité.

Nous avons des preuves parlantes de son origine, qui s'accordent parfaitement avec le récit que nous en fait Moyse. Telles sont les noms des nations anciennes, & des pays qu'elles ont habités; ensuite le grand nombre de forêts *b*),

a) Comme on abuse extrèmement de ces notions en les transportant dans la physique & dans d'autres sciences, Colin Mac-Laurin veut qu'on les bannisse de la géométrie même, prétendant que l'on peut s'en passer, & employer des preuves directes.

b) Cette preuve est bien sensible à tout homme qui réfléchit tant soit peu sur la quantité étonnante de bois de construction, ou pour bruler, qui se consume, soit en bâtimens, vaisseaux &c.; soit dans les fourneaux, dans les poeles, sur les foyers, ou dans les atteliers des ouvriers, gens de profession & artisans de toutes sortes. Mr. de Buffon nous fournit, dans son Histoire Naturelle, une preuve de l'accroissement du genre humain, tirée du petit nombre d'éléphans & sur tout de lions qui existent actuellement sur la terre, & en particulier dans l'Afrique. Le lion, dit-il, n'ayant d'autre ennemi que l'homme, & son espece se trouvant aujourd'hui réduite, il en résulte que l'espece humaine,

au

qui subsistoient encore en Europe, il n'y a que quelques siècles ; l'affinité des langues qui ne laissent aucun doute qu'elles ne viennent toutes d'une mère commune ; les progrès des arts *a)*

au lieu d'avoir souffert une diminution considérable depuis le tems des Romains, *comme bien des gens le prétendent, s'est au contraire augmentée, étendue & plus nombreusement répandue, même dans les contrées de la Libye &c.*

a) Les plus anciens monumens prouvent, que les hommes ont cultivé la sculpture avant la peinture, & l'une & l'autre avant l'architecture. On ne représenta d'abord les divinités payennes que par de simples pierres, ou des statues brutes: avec le temps on y ajouta une tête & des pieds, jusques à ce qu'insensiblement l'art parvint à cette excellence qui illustra si fort les Phidias & les Polycletes. Il en fut de même de la peinture, qui eut de foibles commencemens, jusques à ce que parut Apelle, le peintre de la beauté & des graces. Selon Pline elle n'existoit pas du tems de la guerre de Troye. Apollodore & Zeuxis sont les premiers qui ont acquis de la réputation dans cet art, & Euphranor passe pour le premier qui ait observé la symétrie & les proportions.

On peut encore conjecturer l'origine moderne des hommes de ce que l'histoire nous apprend de la plupart des fruits. Il n'y avoit point de cerisiers en Italie avant l'année 680. de la fondation de Rome, & du temps de Pline les abricots n'y étoient connus que depuis environ trente ans; les pêches étoient aussi alors un fruit nouveau; & les prunes, qu'on avoit en quantité dans l'Asie & dans l'Afrique, ne croissoient pas en Italie du temps de Caton, mais on les y apportoit de l'Egypte & de l'Asie. Les poires avoient conservé dans l'ancienne Rome le nom de leur origine; plusieurs especes de poires étoient même inconnues dans nos contrées avant le réfuge: de sorte qu'il est très vraisemblable que du temps des premiers empereurs Romains on n'avoit dans les pays du nord que des glands & d'autres fruits sauvages. Voyez le *Traité de la Police* par la Mare.

TOM. I.   I

& des sciences qui étoient dans le berceau, il n'y a pas quatre mille ans. Voilà de quoi confondre les esprits-forts. Aussi sont-ils obligés d'avoir recours à des suppositions purement arbitraires & évidemment fausses, à des notions obscures & inintelligibles, à des contradictions palpables. L'un fait sortir les hommes dans leur origine de la fange; un autre qui ne sait que répondre aux difficultés qui résultent de son système, en vient au point d'extravagance que de dire, que *la terre est une vieille poule qui ne pond plus a*). Mais c'est en vain qu'ils cherchent à s'étourdir, la vérité perce, & les trouble. *b*)

CHAPITRE II.

Du but que Dieu s'est proposé en formant l'univers, & en particulier le genre humain.

15.

Le centre, ou le but auquel se rapportent toutes les démarches des êtres vivans, c'est le plaisir, ou la félicité, qui dans un être raisonnable résulte de la contemplation de al perfection: d'où l'on conclut avec raison, que Dieu étant souverainement parfait, est aussi souverainement heureux en lui-même, & qu'il trouve en lui la source d'un bonheur infini. Ainsi en formant l'univers il n'a pu avoir d'autre fin que celle

a) la Mettrie.   (*b* Mr. Reimarus.

de manifester ses perfections infinies ; & comme il est aussi souverainement bon, tout nous engage à croire, que son dessein a été de communiquer sa félicité à des êtres doués d'intelligence, & par conséquent à l'homme. D'où je tire cette conséquence : que tout ce qui contribue à ce dessein doit être regardé comme des moyens que Dieu a établis pour l'exécuter.

16.

Dieu, dont la sagesse est infinie, & qui de toute éternité a connu ce qui est bon & parfait, a dû par conséquent imprimer dans ses ouvrages ce caractère de sagesse & de perfection qui lui est essentiel, & contre lequel il lui est aussi impossible d'agir, qu'il lui est impossible de se détruire lui même. Exister nécessairement, & faire tout avec une souveraine sagesse ; voilà en quoi consiste l'idée que nous avons de la Divinité.

17.

Que seroit-ce que le monde entier sans les créatures vivantes qu'il renferme ? N'est-il pas un être insensible & indifférent à tous les mouvemens qui lui arrivent ? un être qui ne jouit pas de son existence & de ses avantages ? sa structure ne se rapporte pas à lui-même comme à son centre ; par conséquent il n'a point en soi le fondement de son existence & de l'arrangement de ses parties, & il n'a de perfection qu'en tant qu'il peut être de quelque usage à

d'autres êtres; semblable à ces-chef-d'oeuvres
de l'art qui seroient parfaitement inutiles, s'ils
ne servoient à nos besoins ou à nos plaisirs, &
qui doivent leur existence aux desseins de l'arti-
san qui les a construits en faveur de la société.
La lumière n'est que ténèbres pour elle-même,
& ce n'est point pour soi-même que le feu a
de la chaleur. Otez de la terre les hommes &
les êtres qui sont capables de sentiment, vous n'y
appercevez plus aucune perfection, tous les
mouvemens en sont aveugles, sans dessein, sans
sagesse & sans intelligence; Dans un tableau
quel intérêt prendrez vous à voir une mer agi-
tée, s'il n'y a point de vaisseaux qui soient en
danger d'être submergés avec les hommes qu'ils
contiennent? de quel agrément le paysage le
plus riant seroit-il, si des bergers et des bergères
n'en savouroient les beautés, ou si vous ne
vous y transportiez en imagination pour en
jouir? Rendez les êtres vivans à la terre, &
vous en remarquez toute la beauté, & les avantages que nous en pouvons retirer pour notre
bonheur. Ce n'est cependant qu'en supposant
un être infini, qui s'en est fait une idée dans
son entendement, qui a prévu quelles forces il
falloit donner à chaque être, qui les a mises
dans une juste dépendance l'une de l'autre, qui
a établi les loix du mouvement, & qui a su à
quelle fin le moindre atome se mouvroit dans
tous les temps & pendant toute l'éternité, & qui

en conséquence du jugement qu'il en a formé a réglé librement toutes choses.

En effet sans l'idée d'un Dieu, distinct du monde, qui a créé l'univers pour remplir les vues de sa sagesse en faveur des êtres doués d'intelligence & de sentiment, & qui a tout disposé en conformité du but qu'il s'est proposé, on ne peut se faire une idée raisonnable de l'univers, & en particulier de cette terre.

Le monde n'est pas nécessaire, puisque sa structure & sa réalité ne sont pas déterminées par son essence, & qu'elles ne le sont que relativement aux vues du Créateur. Il n'est pas non plus éternel ni infini: car sa durée est renfermée dans le nombre de révolutions qu'il a essuyées, & ce nombre est susceptible d'accroissement. Il a donc eu son commencement, & il a été créé de *rien*, c'est-à-dire, lorsqu'il n'y avoit *rien*; par où l'on entend, pour ainsi dire, le point depuis lequel il a commencé à exister. C'est comme le zéro devant une rangée de chiffres.

Comment, dira l'incrédule, le monde peut-il avoir été créé de *rien*, ou lorsqu'il n'y avoit *rien*? Mais notre ignorance fut-elle jamais une raison valable pour nier ce qui d'ailleurs est évident? Doute-t-on de l'accroissement des plantes, de la communication du mouvement d'un corps à l'autre, & de la mobilité de nos organes au gré de nos désirs, quoiqu'on ne puisse pas rendre raison de la manière dont ces choses se passent.

Pourquoi, dira-t-on encore, le monde ne pourroit-il pas être éternel, puisque l'on conçoit que Dieu pourroit l'avoir créé de toute éternité ? Mais quand on soutient que Dieu a pu créer le monde de toute éternité, sait-on ce qu'on dit ? Car *créer* n'est-ce pas donner l'existence à ce qui ne l'avoit pas auparavant ? & n'est-ce pas là détruire l'éternité de la chose créée, & donner un commencement à son existence ? Il y a donc une contradiction dans les termes. C'est un pur jeu de mots, & l'on conclut de l'infinité des perfections de Dieu, & de son éternité à l'éternité du monde, comme si la perfection du créateur avoit passé par la création dans la créature, & que Dieu eût pu lui communiquer son infinité.

Quand l'homme semble s'inquiéter de ce que Dieu peut avoir fait avant la création du monde, ne diroit-on pas que jugeant de cet être suprême par l'idée qu'il a de notre foiblesse, il craint l'ennui pour Dieu ? Homme borné, de quoi t'embarrasses-tu ? A quoi bon toutes ces questions inutiles, & ces recherches sur lesquelles il est impossible de te satisfaire, puisqu'elles passent la portion de lumières que nous avons reçue en partage ? Ne te doit-il pas suffire, que tout est admirable dans la nature, & que par tout tu as occasion d'y reconnoître le doigt de Dieu ? N'oublie jamais que Dieu ne pouvoit se représenter les choses, ni les faire autrement que ne le comporte leur nature bornée & finie ; & dis-toi d'un autre côté, que le fini ne comprendra jamais parfaitement l'infini.

Ces philosophes qui nous parlent d'une nature, ou d'une force unique, qui opère tout en tous, seroient bien embarrassés de donner une idée de ce qu'ils entendent par cette nature. Car il y a proprement autant de natures & de forces qu'il y a d'êtres particuliers ; chacun a sa force qui combat celles des autres, & il n'y auroit que confusion & que désordre, comme on peut le conclurre des tempêtes & des autres calamités que Dieu permet quelquefois, si tout n'étoit conduit par cette main invisible dont l'univers entier dépend.

Ceux qui admettent la nature, ou je ne sais quelle *fatale* nécessité, comme un être réellement distinct des individus, & agissant sur tous, imitent ceux qui ont fait des divinités de nos passions, comme de la frayeur, du désespoir ; & quoique ce ne soient là que des abstractions de l'esprit, des idées générales & communes des qualités des hommes, considérées comme des individus du genre humain *a*).

a) Mr. Reimarus.

CHAPITRE III.

Comment nous arrivons à la connoissance des perfections divines, & de la perfection à laquelle nous sommes appellés.

18.

Pour arriver à la connoissance des perfections de Dieu, il nous a accordé une portion de lumière *a*) & de sagesse: elle nous sert à juger

a) "On ne peut pas dire que je me donne à moi-même "mes idées, ou que je les reçoive des autres; puisque ma "raison, de même que celle des autres hommes, est chan- "geante, incertaine, sujette à l'erreur, & que les idées sont "certaines, éternelles & immuables. Les hommes peuvent "parler pour m'instruire, mais je ne dois acquiescer à "leurs instructions, qu'autant que je trouve leur discours "conformes à ce que me dit le maître intérieur: c'est lui "qui me redresse quand je m'égare, & qui me rappelle à "la vérité, lorsque les autres m'en éloignent. Il est comme "une règle infaillible qui redresse les lignes tortues, & "qui confirme la justesse de celles qui sont droites. Je n'ai "donc qu'à rentrer au dedans de moi-même. J'y trouve- "rai un maître, qui m'enseignera les vérités dont j'ai be- "soin, & qui me fera connoître, si ce que les autres me "proposent extérieurement est vrai ou faux, juste ou injuste. "Cette raison supérieure à la mienne, & supérieure à toutes "les autres raisons bornées & imparfaites, se communique "en tout temps, en tous lieux, à tous les esprits qui la con- "sultent avec docilité & avec attention. (*Traduction du Traité de l'Orateur de Ciceron par Collin, p. 146. 147.*) V. *Epictete lib. II. Arrian. Diff. c. 20.* où il dit: *Natura in omnibus efficacissima, ad sua decreta etiam nolentem & suspirantem trahit,* & *Ciceron Fragm. lib. III. de Rep.* où l'on trouve ce beau passage: "Quelle est la véritable loi? C'est "la droite raison, invariable, éternelle, conforme à la nature

de la nature des chofes, & à diftinguer le parfait de l'imparfait, le bien du mal. Mais pour difcerner fur tout le bien du mal, le jufte de l'injufte, il y a dans notre ame des étincelles & des émanations de la loi éternelle, qui échauffent nos cœurs & les difpofent à la vertu. C'eft le fentiment naturel, ou ce que d'autres appellent le fens moral qui produit en nous la confcience.

Nier qu'il y ait de la différence entre le bien & le mal, c'eft renoncer volontairement aux faines lumières de la raifon, c'eft étouffer le fentiment & les mouvemens de la confcience, qui approuve ou condamne malgré nous certaines actions. Il y a des rapports ou proportions, des convenances & des propofitions éternelles & immuables, reçues pour telles de tout être qui raifonne. Il y a des actions qui ont une ap-

„& répandue dans tous les hommes: elle leur commande
„le bien, elle leur défend le mal. On ne peut ni l'abolir,
„ni en retrancher, ni faire des loix contraires à celle-là.
„Perfonne ne peut en être difpenfé, ni par le fénat, ni par
„le peuple. Elle n'a befoin que d'elle-même pour fe ren-
„dre clairement intelligible; elle n'eft point autre à Rome,
„autre à Athenes, autre aujourd'hui, & autre demain. Uni-
„verfelle, immuable, elle obligera toutes les nations, & dans
„tous les temps. C'eft ainfi que Dieu fera éternellement
„lui feul & l'inftructeur & le fouverain de tous les hommes.
„Il a conçu le plan de cette loi, & c'eft à lui qu'apparte-
„noit le droit de l'examiner & de la publier. Quiconque
„ne s'y foumettra pas, ennemi de fes propres intérêts, ou-
„bliant ce que fa condition d'homme lui prefcrit, il trouvera
„en cela-même la plus affreufe punition; quand il éviteroit
„d'ailleurs tout ce qui eft regardé comme fupplice.

probation générale, & d'autres qui font condamnées universellement.

En effet la connoiffance que nous avons du vrai & du faux, du bien & du mal, du jufte & de l'injufte, ne tire pas fa fource de l'éducation, de la coutume, des préjugés ou du climat, des loix & des conventions, mais de la nature même des chofes & de l'idée que nous avons de leur perfection: idée qui nous vient de Dieu même, qui a mis cette perfection dans fes ouvrages, & qui en nous rendant capables de la connoître, nous a donné un cœur pour y être fenfibles *a)*.

19.

Comme la différence que nous mettons entre le bien & le mal, nous vient de l'idée que nous avons de la nature même des chofes, il arrive que des peuples, qui n'ont aucune connoiffance d'un Dieu, ne laiffent pas de fentir cette différence, & d'avoir naturellement du goût pour la vertu & de l'éloignement pour le vice. C'eft dans ce fens, que l'on dit qu'en faifant

---

a) On connoît qu'une chofe eft parfaite dans fa nature, lorfqu'elle renferme tout ce qui eft néceffaire pour le but pour lequel elle a été formée; mais on fent fur tout la beauté d'une action vertueufe par le moyen du cœur, qui en eft touché, & la laideur d'une action vicieufe, lorfqu'elle excite de l'horreur & de l'indignation dans toute ame bien née. Il fuffiroit la plupart du temps d'interroger fon cœur, pourvu qu'on ne fût pas prévenu par quelque paffion défordonnée. C'eft ce qu'a bien prouvé feu le P. André dans fes difcours, & fur tout dans celui qu'il a fait *fur l'homme en fociété.*

même abstraction d'une divinité, on est pourtant obligé d'observer la loi naturelle; parcequ'on ne sauroit la violer, sans agir contre ses vrais intérêts, & contre les notions naturelles que nous avons du juste & de l'injuste, du bien & du mal.

Il faut cependant convenir qu'on ne peut avoir une idée suffisante de la vraie perfection, sans l'idée de Dieu, qui en est la source. Car c'est par les vues que l'Etre Suprème a sur l'homme que l'on peut juger de la perfection à laquelle il est appellé: perfection qui n'est pas bornée à cette vie, comme elle le seroit s'il n'y avoit point de Dieu *a*).

20.

La connoissance de cette perfection, nous conduit naturellement à celle de nos devoirs, d'autant plus qu'elle est toujours suivie d'un solide bonheur. Ne tâcherions nous pas d'imiter le plus sage de tous les êtres? Ne travaillerions nous pas à nous rendre solidement heureux?

Mais il y a ici encore quelque chose de plus que notre propre intérêt: Dieu, en nous tirant du néant, n'a-t-il pas acquis sur nous & sur nos actions des droits incontestables? S'il a voulu nous former sous certaines conditions ne sommes nous pas obligés de les remplir? Sans con-

a) Voyez le *discours préliminaire*.

tredit. La volonté de Dieu nous oblige donc, & nous lie *a*).

21.

Dans la morale on ne considère les obligations des hommes qu'en tant qu'elles peuvent leur être connues par les seules lumières de la raison ; ainsi Dieu ayant manifesté sa sagesse & ses desseins dans ses ouvrages, & nous ayant donné la raison pour les y appercevoir, il faut convenir, que le moyen le plus sûr pour parvenir à connoître sa volonté, & les devoirs qu'elle nous impose, c'est de faire usage de la raison par rapport à la perfection des ouvrages de la nature, & à l'ordre qui doit y regner ; mais sur tout par rapport à la perfection de l'homme, qui est principalement & particulièrement l'objet des vues & des desseins de la divinité.

CHAPITRE IV.
De la nécessité de réunir les divers principes de nos obligations naturelles, & quelques considérations pour connoître la perfection à laquelle Dieu nous appelle.

22.

Si l'on pouvoit établir un seul principe général du droit naturel, il faut avouer que la volonté de Dieu, manifestée dans ses ouvrages, & reconnue par les lumières de la raison, se-

---
a) Voyez le *discours préliminaire*.

roit un principe suffisant *a*) de l'obligation où nous sommes de nous soumettre aux loix naturelles renfermées dans la Morale. Mais comme la volonté divine a principalement pour but la perfection de l'homme, on est fondé à soutenir qu'une des meilleures voies de connoître les loix naturelles c'est de rechercher en quoi consiste cette perfection. Car obéir à Dieu, c'est se perfectionner, & se perfectionner c'est obéir à Dieu, & faire sa volonté. Cependant le principe de la perfection n'exclut *b*) nullement les autres principes ou moyens de connoître la volonté de Dieu, tels que le désir d'être heureux, celui de la sociabilité, de l'égalité des hommes, du sentiment &c. & toutes les maximes que le bon sens ne peut s'empêcher d'admettre.

Plusieurs savans ont à la vérité cherché un principe général & unique du droit naturel & de la morale, mais inutilement; & pourquoi rejeter les autres principes ou moyens de connoître les loix naturelles que Dieu a mis à notre portée, comme autant de sources où nous pouvons puiser la connoissance de nos devoirs? *c*)

a) Locke *Traité de l'Entendement humain*, Liv. I. c. 3. §. 6.

b) Il est d'autant plus nécessaire d'admettre divers principes qu'il est rare que l'on soit de même avis par les mêmes raisons. Pour pouvoir s'accorder, il faut donc avoir plus d'une raison à alléguer.

c) Voyez le *discours préliminaire*.

23.

L'homme doit donc travailler sans cesse & dans toutes les circonstances de sa vie, à sa perfection & à celle des autres hommes, qui, comme lui, sont les objets de l'amour de Dieu. C'est là une des règles & des maximes principales de toute la morale, laquelle en nous faisant discerner le bien du mal, doit nous engager à pratiquer la vertu, & à fuir le vice *a*).

24.

Pour parvenir à connoître la perfection à laquelle l'homme est appellé, il est nécessaire:

I. d'avoir toujours devant les yeux les perfections infinies de Dieu;

---

a) Sarasa, dans son Traité *de arte semper gaudendi*, donne cette règle pour arriver au vrai contentement: „Rap„portez, dit-il, toutes vos actions libres à l'ordre établi „par les loix de la sagesse, de la puissance, & de la bonté „de Dieu, de sorte qu'elles tournent au bien public, à ce„lui de chaque créature, & au votre propre, autant que „les forces que Dieu vous a accordées vous le permettent; „alors les troubles & les remords de la conscience ne vous „troubleront point. Voyez aussi *Cic. de fin. IV.* 5. *& de de lep. I.* 44. *II.* 10. Il paroît de ces passages de Cicéron qu'il tiroit des ouvrages de Dieu une déclaration de sa volonté. „Comme il en avoit tiré la certitude de son existence, & „la connoissance de sa nature & de ses attributs, il croyoit „qu'on en pouvoit recueillir aussi les motifs & la fin de „ses actions, pour apprendre à nous conduire par ses exem„ples, & pour trouver dans les opérations de sa sagesse le „moyen de perfectionner la nôtre, puisque la perfection „de l'homme consiste effectivement dans l'imitation de Dieu. *Traduction de la vie de Cicéron* par Midleton *T. IV.* p. 393.

II. d'étudier ses vues dans la création, & sur tout dans la formation du genre humain;

III. de se mettre au fait de la nature de l'homme, de ses désirs, & en particulier de celui qui le porte à la recherche du bonheur, de ses facultés, & de ses diverses relations avec les autres êtres, & avec lui-même;

IV. de donner une attention particulière au sentiment ou sens moral qui existe dans tous les hommes dépouillés de préjugés & de passions déréglées, de même qu'à la bienveillance, que nous avons naturellement pour nos semblables;

V. de bien peser ce qu'exige de nous la sociabilité, sans laquelle le genre humain ne peut subsister;

& VI. l'égalité naturelle dans laquelle les hommes viennent au monde.

Mais il faut sur tout remarquer les suites, que nos actions entraînent nécessairement après elles; & examiner si elles contribuent réellement à notre perfection; si elles ne nuisent pas à la perfection des autres hommes, à l'avancement de laquelle nous devons travailler de tout notre pouvoir; si elles répondent à la fin que nous devons nous proposer; & enfin s'il y a entr'elles l'harmonie & l'ordre *a)* qui doivent y regner.

---

a) „La vertu de chaque chose consiste à être dans l'or- „dre qui lui est propre & particulier, & c'est ce qui fait

25.

Mais comment connoître la perfection à laquelle l'homme est appellé, & que Dieu exige de lui, si nous ne pouvons nous mettre au fait des desseins de Dieu sur nous.

On voudroit nous persuader que les desseins de l'Etre Suprême sont pour nous autant d'énigmes ou de mystères, & que nous n'avons aucune règle pour en juger avec quelque certitude: mais d'où vient quand il s'agit de Dieu & de ses ouvrages, se rend-on plus difficile que dans toute autre rencontre. Si l'on n'est pas entièrement dénué d'idées, & que l'on soit capable de réflexion, on connoît suffisamment, en plus d'une occasion, la volonté d'un souverain par ses démarches, sans qu'il soit besoin qu'il s'explique plus clairement. S'il défend, par exemple, le transport d'une marchandise dans les pays étrangers, on comprend que c'est afin qu'elle abonde dans ses Etats. Quand on voit construire un pont sur une riviere, qui est-ce qui doute que ce soit pour en faciliter le passage? Si on fait le pont large & solide, on en conclut

„sa bonté. Cet ordre dans les ames les rend justes, tem-
„pérantes, & par là heureuses, comme au contraire l'in-
„juste & l'intempérant sont dans le désordre & malheu-
„reux. *Platon.* Au reste, il faut convenir avec le célèbre Confucius que dans l'état de foiblesse où sont les hommes, la persévérance dans le bien consiste moins à ne pas tomber, qu'à se relever promptement toutes les fois qu'on tombe.

clut que c'est afin qu'il subsiste long-temps, & que les voitures les plus chargées puissent y passer commodément & sans risque : s'il étoit fort étroit, ou légérement bâti, on verroit bien qu'il n'est fait tout au plus que pour les gens à pié ; une barre mise à l'entrée indique la défense d'y passer en voiture. Si l'on voit élever une chaussée, on sait aussi tôt que c'est pour empêcher les dégâts que les inondations pourroient causer ; si l'on bâtit plusieurs nouvelles maisons dans une ville, n'est-on pas fondé à croire que c'est pour y rassembler un plus grand nombre de citoyens ; & si on l'environne d'un mur, que c'est pour la mettre à l'abri des surprises. Plus le souverain apporte de soin à fortifier une place, & plus l'on est en droit de se persuader que sa sureté lui tient au cœur. En mille occasions on se contente de marques & de signes qui font le même effet que l'écriture ou la parole. Dans les évolutions militaires le son des trompettes & du tambour, & les coups de canon accélèrent ou arrêtent la marche du soldat, & lui font faire diverses manœuvres dont un spectateur attentif & intelligent est en état de juger, quoiqu'il n'ait pas connoissance des ordres qui ont été donnés.

Comme donc on connoît les volontés du souverain, quoiqu'il ne les déclare pas toujours par des ordonnances expresses, on connoît de même les desseins de Dieu & sa volonté dans ses

Tom. I.　　　　　　　　K

ouvrages, qui font des caractères diſtincts, & une écriture très liſible pour tous ceux qui y donnent leur attention; pourvu qu'ils faſſent uſage de leurs lumières, & des ſentimens que l'auteur de la nature a imprimés dans leurs cœurs.

26.

En examinant les ouvrages de la nature nous trouvons qu'ils ont en eux les principes néceſſaires pour ſe conſerver, & pour ſe pouſſer à la perfection dont ils ſont capables; mais qu'en tendant ainſi à leur bien particulier, ils concourent à la perfection de l'univers, autant qu'un individu peut y contribuer pour ſa part.

27.

Nous appercevons de plus des créatures qui ne ſe conſervent & ne ſe perfectionnent, que par le moyen d'une impreſſion & d'un mouvement aveugle & néceſſaire, auquel elles ne peuvent réſiſter. Elles ne reſtent dans l'ordre qu'en vertu des loix du mouvement, auxquelles le Créateur les a ſoumiſes: auſſi ne contribuent-elles en rien par elles mêmes à leur perfection, & les préceptes de la morale ne les regardent pas.

Mais par tout on apperçoit des traces de l'attention bienfaiſante de l'Etre ſuprême en faveur de ſes moindres créatures. On la remarque dans les animaux, dans leur figure, & dans la ſtructure de toutes leurs parties; elle éclate ſur tout dans cette adreſſe merveilleuse, dans cet instinct *a*) qui naît avec eux, & qui les met en état d'exécuter sans peine tout ce qui convient le mieux à leur conservation & à leur bien-être. Les animaux sont maîtres nés dans toutes sortes d'arts ; chez eux point d'actions inutiles, point de méprises, point d'ouvrages manqués ou faits à rebours, chacun connoît la nourriture qui lui est propre, & les voies convenables pour se la procurer ; chacun sait faire usage de ses organes suivant sa véritable destination. Si l'animal a besoin de provisions, il en amasse, s'il faut aller chercher au loin de quoi pourvoir à sa subsistance, il entreprend des voyages de long cours, & sans cartes ni boussole il parvient aux lieux qui produisent les biens qui lui sont propres. S'il est attaqué par un ennemi, il se sert de ses armes avec tout l'avantage possible, ou bien il emploie la ruse pour le surprendre. Quels soins ne prend-il pas de ses petits jusques à ce qu'ils puissent se passer de son secours ; même avant qu'ils soient nés la mère a pris des mesures pour leur conservation. Les bêtes peuvent se passer de mille choses que

―――――――――――――――――

a) On appelle quelque fois *droit naturel* le cours de la nature & l'instinct qu'ont les animaux tant pour leur conservation que pour leur propagation ; mais ni l'un ni l'autre ne sont pas les objets de la loi de la raison, dont les animaux sont privés. Car bien que les hommes les rendent capables de mille tours d'adresse, ils n'ont aucune idée des loix naturelles, ni de leur auteur, & ne peuvent par conséquent se proposer de conformer leurs actions à sa volonté.

l'homme recherche pour sa nourriture, pour son vêtement, & pour son habitation; elles viennent au monde bien pourvues. Exemptes des désirs qui tourmentent l'homme, elles jouissent sans trouble & sans crainte des plaisirs des sens; rien ne leur manque de ce qui peut servir à leur bien-être: comme elles ne courent pas après le superflu, elles trouvent aisément ce qui peut les satisfaire.

D'ailleurs quelle habileté dans tous leurs mouvemens! Et tandis qu'il faut à l'homme, doué de la raison, du temps & de l'exercice pour acquérir de l'adresse, la bête agit convenablement, sans qu'il soit nécessaire de l'instruire & de la guider, & sans savoir cependant ce qu'elle fait. Quoiqu'elle n'ait pas reçu la raison en partage, elle se conduit d'une manière très intelligente. Qu'en conclure? c'est qu'il existe une sagesse infinie qui donne aux animaux cette industrie naturelle, cet instinct nécessaire à leur bonheur.

Si dans l'examen de l'utilité des animaux notre esprit borné n'apperçoit pas toujours à quoi ils sont bons, n'avons-nous pas assez de témoignages de la sagesse de Dieu pour nous en rapporter à lui, & pour nous assurer que ce qu'il a fait avec tant d'attention & avec tant de soin, est bon & digne de lui, quoique nous n'en sachions pas toujours l'usage, & que nous ignorions quelquefois l'avantage qui en résulte?

28.

Mais il y a dans le monde d'autres êtres, *a)* à l'égard desquels la sagesse de Dieu s'élève à de plus nobles desseins. Ils sont appellés à l'observation de l'ordre, & à travailler à leur perfection mutuelle, par eux mêmes & sans y être contraints. Ils sont faits pour se déterminer avec choix & avec connoissance, & pour rendre un libre hommage à l'auteur de la nature. Tel est le genre humain, que Dieu a si fort distingué du reste de la nature, & auquel seul il convient de donner des règles de conduite. *b)*

a) „La principale différence qu'il y a entre les hommes „& les bêtes, c'est que celles-ci n'agissent que par les im„pressions des sens, & qu'elles ne sont touchées, que du „présent, sans avoir que très peu de sentiment du passé ou „de l'avenir. Au lieu que l'homme a l'avantage de la raison „qui le rend capable de voir les causes, les progrès, & les „suites des choses, de comparer ensemble ce qui a quelque „conformité, & de joindre l'avenir au présent. Par ce moyen „il peut découvrir tout d'une vue le cours entier de la vie, „& faire provision de ce qui est nécessaire pour en fournir „la carrière. *Cic. de Offic. Lir. I. c. 4.*

b) „Tout homme qui rentrera en lui-même y découvrira „des traces de la divinité, & se regardant comme un temple, „où les dieux ont placé son ame pour être leur image, il ne „se permettra que des actions qui répondent à la dignité de „leur présent. Un sérieux examen de ce qu'il est, & de „ce qu'il peut, lui fait comprendre de quels avantages „la nature l'a pourvû, & combien de secours lui facilitent „l'acquisition de la sagesse. Venu au monde avec des no„tions générales, qui d'abord ne sont que comme ébauchées, „il voit qu'en suivant cette lumière, guidé par la sagesse, „il sera homme de bien, & par conséquent heureux. *Cic.* „*de legibus I.*

CHAPITRE V.

Des facultés de l'ame, de son immatérialité, de sa liberté, & de son immortalité.

29.

L'homme est le plus parfait de tous les ouvrages que nous appercevons dans l'univers. Son corps est naturellement droit, & élevé: il porte ses regards vers le ciel, & il ne paroît pas fait pour ramper sur la terre comme les brutes; mais quoique très artistement composé, ce n'est pas cependant par son corps qu'il se distingue le plus des autres créatures. C'est son ame, c'est son esprit, destiné à l'immortalité, qui fait l'excellence de sa nature.

30.

Il y a dans l'homme une intelligence admirable, un entendement qui le met en état de réfléchir sur lui même & sur l'Auteur de son existence. Né avec le désir ardent de connoître la vérité, il y parvient par le moyen de l'attention, & des règles certaines & infaillibles que Dieu lui a données pour discerner le vrai du faux; l'ouvrage du créateur de celui des créatures qui ont perverti l'ordre des choses. Il parcourt de ses regards les cieux & la terre; il embrasse dans ses méditations le présent, le passé, l'avenir; il mesure le cours des astres; les étoiles lui servent de guides dans ses voyages d'un bout du monde à l'autre; il franchit les mers les plus vastes, aussi bien que les montagnes & les rochers les plus escarpés; rien ne l'arrête, il tire les métaux des entrailles de la terre; les plantes répondent à ses soins; & les oiseaux, les poissons & les bêtes les plus féroces sont soumises à son empire. Toute la nature devient, pour ainsi dire, son domaine par le secours de la raison.

31.

Sur quel fondement peut-on croire notre ame matérielle? *a)*. Ce sentiment n'est appuyé

---

a) „Il n'y a rien de commun, il n'y a aucun milieu entre „l'ame & le corps; ils sont de nature entièrement différente. „L'ame est tout esprit, & il n'y a aucun esprit dans le corps. „L'ame gouverne; & le corps est gouverné. L'ame est la „cause de toutes les passions des corps; ceux-ci sont seule„ment mus. L'homme est certainement autre chose que „son corps: il se sert de son corps, & lui commande, il n'est „donc pas son corps.... Le corps & l'ame étant unis en„semble, la nature a fait le premier pour obéir, & l'autre „pour gouverner, & pour être semblable à l'Etre divin, im„mortel, intelligent, uniforme, indissoluble. *Platon.*

„On ne peut absolument trouver sur la terre l'origine des „ames. Car il n'y a rien dans les ames qui soit mixte & „composé, rien qui paroisse venir de la terre, de l'eau, „de l'air, ou du feu. Tous ces élémens n'ont rien qui fasse „prévoir l'avenir, embrasser le présent. Jamais on ne trou„vera d'où l'homme reçoit ces divines qualités, à moins que „de remonter à un Dieu. Et par conséquent l'ame est d'une „nature singulière, qui n'a rien de commun avec les élé„mens que nous connoissons. Quelle que soit donc la nature „d'un être qui a sentiment, intelligence, volonté, principe „de vie, cet être-là est céleste, il est divin & dès-là immortel. *Cic. Fragm. de consol.* Voyez aussi *Tusc. I. 24. 25. & de Nat. Deor. II. 56-58. 60.*

que fur un fimple *peut être*. Si la matière produifoit la penfée, il n'y a que le mouvement, à en juger par l'idée que nous avons du corps, qui pût opérer cet effet; mais comprenons-nous qu'il puiffe y avoir le moindre rapport entre le mouvement, quel qu'il foit, & ce que nous fentons en penfant? Comment concevoir que des parties de matière, pour être agitées d'une certaine façon, reffentiront du plaifir, de la joie, de l'admiration? Comment fe perfuader que la matière foit capable d'éprouver ce fentiment que nous avons de notre propre exiftence, & de réfléchir, comme notre ame, fur elle-même, & fur ce qui l'environne? D'ailleurs (comme le dit fort bien Mr. s'*Gravefande* dans fon *Introduction à la Philofophie*) „La matière a „furement des parties étendues; fuppofons main„tenant que la matière *a*) penfe; ou la penfée

a) De même que des parties fans force & fans activité, ne peuvent par leur union compofer un tout qui produife quelque effet & quelque mouvement; de même des parties fans penfée ne peuvent par leur union compofer un tout qui penfe. Donc l'être penfant ne peut tirer fon origine, ni de l'étendue ou du mouvement qui ont lieu dans l'être compofé, ni des parties fimples qui compofent le corps, & que l'on conçoit fans penfée. Car les forces d'un tout tel que le corps ne font que les forces de fes parties fimples, agiffant l'une fur l'autre pour opérer des changemens, & déterminer leurs efforts mutuels. C'eft là la notion que nous avons du corps: mais *obferver, réfléchir, comparer, juger, conclure, défirer, vouloir, avoir des fenfations agréables ou défagréables*, & les autres opérations & facultés de l'ame indiquent une toute autre effence, une toute autre fource, un tout autre principe que l'étendue & la

„sera toute entière dans chaque partie & c'est
„ce qui est absurde: ou la pensée sera répandue
„dans toute la matière, de sorte qu'elle soit di-
„visible comme l'étendue, & c'est ce qui est con-
„traire à la nature de la perception. Peut-on
„en effet (*ajoute le Journaliste de Trévoux*) dire

mouvement. Ici je n'apperçois ni couleur ni espace, ni étendue, ni temps, mais un être simple capable d'opérer en lui-même, qui se représente la couleur & l'étendue, le repos & le mouvement, l'espace & le temps, qui lie les choses ou les sépare, les compare ensemble, & fait un choix; un être qui est capable de mille autres opérations, & de divers sentimens qui n'ont absolument aucun rapport avec l'étendue ou le mouvement. Le plaisir & le déplaisir, les désirs & les aversions, l'espérance & la crainte, le bonheur & le malheur, ne consistent point dans le changement de lieu des atomes ou de la poussière. La modestie, l'humanité, la bienveillance, les délices de l'amitié & les sentimens ravissans d'une piété sincère sont quelque chose de plus que les mouvemens du sang & les battemens du pouls dont ces dispositions sont accompagnées. On ne peut confondre des choses dont les propriétés sont si différentes, sans se rendre coupable de la plus grande inexactitude. Il faut encore remarquer que dans l'ordre de nos connoissances l'être pensant va devant, & l'être étendu suit. L'ame éprouve des sensations, elle conçoit les choses & acquiert des notions; c'est ensuite d'après ces notions qu'elle conclut l'existence du corps & de ses propriétés, & que s'assurant de la gradation dans la chaîne des êtres, elle y apperçoit Dieu, les esprits, & les corps. La réflexion nous conduit des impressions sensuelles du monde corporel à la sphère des intelligences bornées, & de celles-ci l'ame s'élève à celui qui nous a doués de la pensée, à l'être qui conçoit & comprend toutes choses. Voyez le *Phédon* de Mr. Mendelssohn, ouvrage excellent sur *l'immortalité de l'ame*, qui a paru depuis peu en langue allemande.

„sérieusement que l'idée de l'être, l'idée de ju-
„stice, de sagesse, d'ordre, puisse être divisée?
„En combien de parties la diviseroit-on? Quelle
„seroit sa couleur & sa figure?„

Il faut donc se fonder sur un *peut-être*, ou
bien avouer qu'en suivant les notions simples &
naturelles que nous avons du corps, il suit de ce
que nous remarquons dans l'ame qu'elle est une
substance différente & distincte du corps; si elle
est immatérielle, la mort, qui n'est autre chose
que la dissolution des parties du corps, n'entraîne pas avec elle la destruction de l'ame qui n'a
point de parties; elle ne peut donc cesser d'exister que par la volonté de Dieu qui l'a formée:
mais nous montrerons dans peu que cette volonté même nous est un garant assuré de son
immortalité.

Rendons encore plus sensible, s'il est possible,
la différence qu'il y a entre le corps & l'ame.
L'homme est composé de ces deux substances.
Le corps consiste dans un nombre innombrable
de parties différentes, & l'ame est cet être qui
se sent dans chacune de ces parties. Comment
peut-on les confondre ensemble? Des parties
qui changent à chaque instant, qui se perdent
& qui se renouvellent en mille manières, ne
peuvent être l'ame qui reste toujours la même.
C'est l'ame seule qui pense, qui se connoît, qui
réfléchit sur tout ce qui l'environne aussi bien
que sur elle-même, qui a le sentiment intérieur

& la conscience de soi-même; c'est par conséquent l'ame qui constitue ce *moi* lequel demeure le même, quoiqu'il perde plusieurs parties de son corps. C'est l'ame qui dans la situation présente voit celle qui l'a précédée, & les diverses impressions qu'elle a reçues de temps à autre; elle est unique, quoiqu'elle éprouve la sensation du toucher dans les différentes parties du corps, celle de l'odorat dans le nez, celle de la vue dans les yeux, celle de l'ouie dans les oreilles, & celle du goût dans le palais &c. Ces parties sont hors de l'ame qui devient par leur moyen sensible. Des parties différentes qui sont l'une hors de l'autre, ne peuvent avoir des sentimens & une conscience commune; chaque partie sentiroit pour soi, & feroit une ame à part, la tête n'est pas le pié. Il en feroit donc comme de plusieurs hommes qui se tenant par la main éprouvent chacun l'ébranlement causé par la vertu électrique, parce que chacun d'eux est doué d'une ame particulière. „Qu'est-ce, dit Pascal, qui sent du plai„sir en nous? Est-ce la main? est ce le bras? „Est-ce la chair? Est-ce le sang? On verra „qu'il faut que ce soit quelque chose d'immaté„riel; il venoit de dire: je puis bien concevoir „un homme sans pieds, sans mains; c'est donc „la pensée qui fait l'être de l'homme, & sans quoi „on ne le peut concevoir." Personne ne peut avoir la conscience de son individu, sans se rappeller en même temps sa durée précédente. Si le *moi* changeoit, il n'auroit le souvenir de rien, ne se rappellant pas les sensations qu'il a eues, il ne pourroit faire aucune comparaison, & s'assurer qu'il est le même qui a vu, senti, pensé, voulu précédemment, & par conséquent il n'auroit pas le sentiment & la conscience de soi-même. Ce n'est donc pas quant au corps qu'on se regarde comme le même homme, qu'on se sent être le seul & même individu. Car on n'en connoît pas les moindres parties; on ignore quelles sont celles qui nous restent, & quelles sont celles que nous perdons à chaque instant, sans que le *moi* en soit altéré.

L'ame continuant à être la même au milieu des sensations différentes qu'elle éprouve, elle est sans contredit une substance, & non pas un mode, un accord des parties, une disposition ou température du corps, un mouvement harmonique, une simple force ou principe de vie; elle n'est pas un mode permanent qui seroit incompatible avec les changemens qui arrivent à son corps & les sensations différentes qu'elle éprouve; elle ne consiste pas non plus dans le mouvement, puisqu'il varie à chaque instant, & ne sauroit par conséquent composer cet être qui dans la variété de ses sensations reste le seul & même être au milieu de toutes les vicissitudes qui lui arrivent. L'ame n'est pas non plus une simple harmonie du corps; car qu'est-ce que l'harmonie? Un accord & un rapport des sons entr'eux, de même que la symétrie d'un bâtiment consiste dans la régularité & dans la juste proportion de ses parties. Mais cet accord, cette proportion n'existent que par la comparaison que fait l'ame du rapport des sons entr'eux, & de la juste proportion des parties d'un édifice. Or cette comparaison n'est pas l'ame même; c'est une de ses opérations qui ne se trouve à la vérité que dans l'être pensant, mais qui ne peut être confondue avec sa nature capable de différentes opérations. Si l'ame n'étoit que la simple harmonie du corps, ce n'est pas elle qui s'en appercevroit; il faudroit que quelque autre intelligence, en faisant la comparaison de ses parties, jugeât de leur mouvement harmonique. Car sans la comparaison que fait notre ame des sons harmonieux, & des parties régulières d'un édifice qui sont hors d'elle, l'harmonie n'est qu'un amas de sons, & l'édifice le plus régulier qu'un tas de sable & de pierres, le chant du rossignol ne l'emporte pas sur le cri lugubre du chat huant; L'ame n'est donc pas une simple harmonie, une symétrie des parties de son corps. a); en un mot, elle ne peut pas être une qualité variable de quelque autre être; mais elle est cette substance qui a la faculté de sentir les différens états par où elle passe, & qui en a la conscience.

Pour se convaincre encore mieux de la différence qu'il y a entre le corps & l'ame, on n'a

―――――――――――――――――
a) Mr. Mendelsfon dans son *Phédon*.

qu'à faire attention aux sentimens qui s'élèvent en nous à l'occasion du corps, & à ceux qui résultent des affections de l'ame. Lorsqu'on souffre dans son corps quelque douleur, on peut indiquer les parties qui sont blessées ou déchirées; mais lorsqu'on souffre uniquement dans son ame, par exemple, lorsqu'on se chagrine & qu'on se désespère, souvent pour un geste ou pour une parole qui nous expose au ridicule & au mépris, on ne sauroit indiquer aucun endroit du corps qui occasionne ces chagrins cuisans de l'ame: tout se passe dans l'ame, & vient des retours qu'elle fait sur elle-même; ce qui peut avoir une telle influence sur le corps qu'il peut en être dérangé dans la suite; mais ce n'est pas à cause de son dérangement actuel, que l'ame ressent la douleur que lui cause le mépris qu'on lui témoigne par des gestes ou par des paroles offensantes.

D'ailleurs si l'ame n'étoit pas spirituelle, comment concevoir qu'elle pût trouver du plaisir dans l'ordre & dans l'harmonie, & du déplaisir dans le désordre & dans l'imperfection: si elle n'étoit que corps, il lui seroit indifférent que tout fût sens dessus dessous.

Voici encore un indice bien frappant de la différence qui subsiste entre l'ame & le corps, c'est le pouvoir que l'ame a de se représenter les choses suivant qu'il lui plaît. Maîtresse de détourner son attention de l'objet qui fait le plus d'impression sur ses sens, elle peut la tourner vers celui qui en fait le moins, elle peut se représenter les choses même absentes, & s'en occuper de façon qu'elle n'apperçoive pas celles qui sont présentes; elle donne ainsi aux objets un degré de force qu'ils n'ont pas par eux-mêmes. La représentation des choses n'est donc pas une simple réaction du cerveau vers l'impression reçue par le moyen des sens. Car il faudroit, suivant les loix du mouvement du corps, que la plus forte action contraire, ou réaction, fût égale à la plus forte action reçue par les sens, & que s'accordant avec elle l'attention se portât toujours vers l'objet qui fait sur nous la plus forte impression. J'en conclus donc avec beaucoup de raison, que l'ame diffère du corps dans lequel elle agit.

D'ailleurs les règles selon lesquelles les corps se meuvent, sont d'une toute autre nature que celles suivant lesquelles l'entendement & la volonté se conduisent. Nos pensées, soit idées, jugemens, ou raisonnemens, ne se conçoivent pas par le moyen des points, des lignes, des angles, des figures &c. Donc on n'a aucun fondement pour croire l'ame matérielle ou que la matière pense.

La grande difficulté est prise de la dépendance où est l'ame par rapport au corps; comme si une chose étoit toujours de même nature que celle dont elle dépend: la vie dépend des choses inanimées, & la connoissance des organes; mais la vie n'est pas un être inanimé, & la connoissance ne consiste pas dans les organes.

La dépendance de l'ame ne sauroit détruire le sentiment clair & intérieur que nous avons de nous-mêmes. A la vérité le corps organique nous sert de miroir pour connoître les objets extérieurs, & de même qu'un miroir taché ou mal placé ne peut servir à l'oeil le plus sain; de même l'ame se ressent des imperfections de son corps: mais elles n'empêchent pas qu'elle ne soit toujours distincte du corps, qu'elle ne subsiste par elle-même, & ne demeure la même, nonobstant tous les changemens tant extérieurs qu'intérieurs du corps. Semblable au pilote d'un vaisseau, qui d'un côté souffrant lui même du mouvement du vaisseau par les secousses qu'il essuie, & de l'autre contribuant, quoiqu'indépendamment de sa volonté, à la pesanteur du vaisseau, le gouverne néanmoins arbitrairement par un petit mouvement qu'il imprime au timon. En un mot nous n'avons aucune certitude des choses que par la conscience de notre ame & par sa durée; ce qui démontre évidemment sa spiritualité. *a)*

―― 32. ――

Rien ne manque à l'homme. Pour rendre l'ame attentive à la conservation de son corps, il a été pourvu de sens qui l'avertissent de ce qui peut lui nuire & de ce qui lui est salutaire.
La

―――――――
a) Mr. Reimarus.

La mémoire sert à lui rappeller les observations qu'il a faites, & à en faire usage; l'imagination à perfectionner les arts & les sciences, l'entendement, joint au sentiment ou sens moral, à l'éclairer sur ses devoirs, & la liberté à le déterminer en faveur du parti le plus avantageux. En un mot toutes les facultés de l'homme contribuent à son bonheur, s'il est assez sage pour n'en point abuser.

33.

Nous observons dans l'homme deux sortes d'actions: les unes sont naturelles & nécessaires; elles ne dépendent pas de lui : d'autres sont libres & volontaires ; elles sont produites par la volonté de l'homme qui s'y détermine librement & avec connoissance: les dernières peuvent seules lui être imputées, & sont l'objet de la morale.

Les actions auxquelles on est obligé peuvent être imputées, quoique l'on ne s'y soit abandonné que par crainte, ou à cause des menaces qu'on nous a faites, parce que ces motifs ne doivent jamais nous détourner de nos devoirs & de l'obéissance que Dieu exige de nous.

34.

La liberté de l'homme est appuyée sur de trop bons fondemens, pour oser la révoquer en doute. Que peut-on objecter de solide à la preuve de sentiment, & à celles que l'on tire des remords de la conscience, & de ce que Dieu nous a donné des loix? Nous ne pouvons avoir une idée de notre ame & de ses facultés, que par le moyen du sentiment que nous éprouvons en nous lorsqu'elle agit, & par les observations que nous pouvons faire sur ses opérations.

Tenons nous en donc à notre propre sentiment, & à ce que ces observations nous en enseignent, & n'allons pas nous forger des hypothèses qui n'ont aucun fondement solide.

L'homme sent parfaitement bien, que par rapport aux actions morales *a)* rien ne le force à agir d'une manière plutôt que d'une autre, & qu'il choisit librement le parti qu'il embrasse. On dit à la vérité que l'homme se détermine toujours par quelque motif, & que celui qui fait le plus d'impression sur son ame, l'emporte nécessairement; qu'ainsi l'homme n'est pas libre. Mais il ne faut pas confondre le motif ou la raison avec la cause. D'ailleurs l'homme borné, comme il l'est, apperçoit-il toujours de quel côté

---

a) Suétone remarque de Tibère que s'il se moqua de toute religion, c'étoit parce qu'il croyoit que tout est soumis à la destinée. *In Tiber. vit. c. 69.*
Suivant Grotius ceux qui nient le libre arbitre ne peuvent guères éviter de faire Dieu auteur des crimes: opinion que Platon combat dans son traité *de Repub. lib. II.* „Dieu, „dit-il, étant bon ne sauroit être la cause de tout, comme „plusieurs se l'imaginent. Au contraire, comme il y a chez „nous plus de maux que de biens, il nous provient moins „de choses de sa part, que nous n'en trouvons dont il n'est „nullement la cause. Il n'y a certainement que lui à qui „l'on doive attribuer les biens; mais pour les maux, il en „faut chercher le principe dans tout autre que lui.

penche la balance ? Si deux objets lui paroiſſent également bons, s'ils font une égale impreſſion ſur lui, la cauſe générale de ſa détermination n'eſt-elle pas dans la faculté même de ſe déterminer qui ne paroît pas anéantie par le défaut de motifs? Il eſt vrai qu'ordinairement lorſqu'il faut prendre un parti préférablement à un autre, nous ſentons que l'ame cherche un motif pour ſe déterminer, & qu'elle eſt même dans l'inquiétude juſqu'à ce qu'elle en ait trouvé; ſans doute parce qu'il eſt de la nature d'un être raiſonnable d'agir toujours quand il le peut par quelque raiſon; mais au fond l'ame n'en eſt pas moins libre pour cela: elle conſerve toujours la ſpontanéité, puiſque c'eſt de ſon bon gré & volontairement qu'elle ſe rend aux motifs. Ce qui paroît ſur tout par le pouvoir qu'elle a de détourner ſon attention de ceux qui l'empêcheroient de ſe livrer à quelque penchant favori. L'expérience ne prouve-t-elle pas, que la volonté ne ſuit pas toujours les lumières de l'entendement qui nous fait diſcerner ce qui eſt juſte & avantageux. Remarquez auſſi que l'homme eſt toujours maître de ſuſpendre ſon action, & qu'il donne même, quand il le veut, du poids aux motifs; les motifs ne l'entraînent donc pas néceſſairement, quoiqu'ils ſuffiſent pour l'engager à faire un choix. Suppoſé donc qu'on ſoit obligé de convenir que l'homme trouve toujours de la différence dans les objets qui ſe préſentent à lui, & que ne pouvant vouloir fans raifon, il choifit toujours ce qu'il regarde comme utile préférablement à ce qui lui femble nuifible; il n'en eft pas moins vrai qu'il eft libre, parce que la caufe fuffifante de fa liberté eft dans le pouvoir & la faculté qu'il a de fe déterminer, ou de ne point fe déterminer, d'agir d'une façon ou bien d'une manière toute oppofée; & que la détermination de la volonté venant de la perfuafion de l'ame, celle-ci eft toujours maîtreffe d'examiner, de comparer & de réfifter à l'attrait d'un bien par la confidération d'un autre a). D'où viendroient d'ailleurs les remords de la confcience, fi l'homme agiffant toujours néceffairement n'étoit pas coupable, ni responfable par conféquent de ce qu'il fait? Que ferviroit-il à Dieu d'avoir donné des loix au genre humain, s'il étoit dans l'impoffibilité de les obferver? Et les loix, & les remords de la confcience feroient très inutiles. Mais non, la fageffe de Dieu & fa bonté ne nous permettent pas de faire des fuppofitions qui en mettant Dieu en contradiction avec lui-même, renverfent tous les fondemens de la morale. Pour en venir à cette extrémité, il femble qu'il faudroit être mieux fondé qu'on ne l'eft. L'impoffibilité où eft l'homme de concilier fa liberté avec la prévoyance ou la prefcience que l'idée de l'Etre tout parfait renferme, le fera-t-elle renoncer à des preuves auffi évidentes? Non

---

a) S'gravefande *Introduction à la Philofophie.*

sans doute; mais rien ne lui convient mieux qu'un humble silence dans tout ce qui est au dessus de la raison, & qui n'implique pas contradiction.

35.

Continuons nos observations sur l'homme. Il est susceptible de chagrin & de tristesse aussi bien que de plaisir & de joie; mais comme il est fait pour jouir du bonheur, Dieu a mis en lui l'amour de soi-même, & le désir d'être heureux, deux puissans aiguillons qui le portent avec une activité extraordinaire vers ce qu'il croit propre à faire sa félicité. Et de crainte qu'il ne formât sans cesse de faux jugemens sur le vrai bonheur, & qu'il n'abusât de sa liberté dans le choix des moyens pour y parvenir, il a reçu outre la raison un penchant naturel qui le porte à se lier avec ses semblables, & à leur faire du bien, avec le sentiment de la conscience, pour le guider dans la recherche des vrais biens, & pour diriger ses passions vers leurs fins légitimes.

36.

Heureux l'homme, qui ne s'abandonne pas à la cupidité & aux désirs déréglés d'un cœur corrompu, mais qui suit constamment la lumière de son entendement! Un tel homme se laisse toujours guider par ce sentiment intérieur de l'ame que rien ne peut effacer entièrement, & qui produit en lui une satisfaction, une joie pure & entière, lorsqu'il s'est acquité de ses devoirs; mais qui, lorsqu'il y a manqué, le remplit de crainte, de tristesse & d'horreur.

37.

Voici encore ce qui distingue l'homme d'une manière bien avantageuse de toutes les autres créatures. Il naît avec des désirs si vastes & si élevés que rien ici bas ne sauroit les remplir. Chaque jour il se convainc du néant des biens de ce monde. Leur possession laisse un vide dans son ame qui lui fait voir qu'elle est faite pour une vie immortelle & plus heureuse, où elle sera mise en possession des biens seuls convenables à l'excellence de sa nature, & proportionnés à l'immensité de ses désirs.

38.

L'homme sent sa noblesse & son élévation, & cependant il est presque toujours le jouet de la fortune. Que penser de cet être si distingué de toutes les autres créatures, si son existence se borne à cette vie? ,,Comment, dit *Abbadie*, ,,la nature, qui est si sage & si régulière dans ,,toutes les autres choses, fait-elle une faute si ,,grossière dans celle ci? Comment, après avoir ,,mis dans le cœur de l'homme le désir du bon,,heur, lui donne-t-elle un cœur incapable de se ,,satisfaire des seuls biens, qui lui sont destinés (si son ame périt avec le corps?) Qui croira jamais que Dieu, qui est souverainement bon, se soit plu à faire appercevoir à l'homme la félicité dont il est susceptible, pour le repaître de chimères, & pour le faire rentrer enfuite dans le néant *a*)? On dira peut-être que Dieu

---

a) Je crois faire plaisir aux lecteurs qui n'entendent pas l'allemand, de rapporter ici quelques traits sur ce sujet que me fournit Mr. Mendelsson dans son *Phédon*. Il y a entre l'existence & le néant une distance infinie, un abyme que la nature qui agit toujours successivement ne sauroit franchir, & comme les parties du corps humain, après sa dissolution, ne sont pas détruites, on ne conçoit pas non plus aucun moyen naturel par lequel l'ame pourroit être anéantie. Si la mort du corps étoit l'anéantissement de l'ame, quel seroit l'instant dans l'action successive de la nature où l'on pourroit dire, *à présent l'ame périt, & passe de l'être au néant*. Tous les instans sont liés par le passage d'un état à un autre. Dès la naissance de l'homme, il se fait un combat entre la vie & la mort: tout tend à rompre insensiblement l'union du corps & de l'ame, parce que tout ce qui est sujet au changement ne peut être un moment sans changer; mais lorsque l'harmonie entre ces deux substances vient à cesser, comme ni l'une ni l'autre ne sont pas l'harmonie, ils ne laissent pas de subsister séparément, quoiqu'il n'y ait plus d'harmonie entr'eux. Le passage de l'existence au néant est incompréhensible, puisqu'il répugne à l'essence de l'individu, & que l'on ne conçoit rien dans son union avec les autres êtres qui puisse fonder son anéantissement. La notion exacte des forces & des changemens naturels nous conduit nécessairement à la conséquence, que la nature ne peut l'opérer. L'ame subsiste donc encore après la dissolution du corps, & d'ailleurs les perfections divines, nous le garantissent. Car si notre ame étoit mortelle, notre raison ne seroit qu'un songe que Dieu ne nous auroit accordé que pour nous rendre misérables, & pour nous tromper: toute la vertu perdroit son éclat; le beau ne seroit plus l'expression des perfections divines; nous ne serions sur cette terre que comme les bêtes pour y chercher notre pâture & mourir; il seroit égal pour nous d'avoir cherché à nous distinguer par nos vertus, ou bien de nous être dés-

ayant voulu former l'homme raisonnable, n'a pu le dépouiller de l'amour de lui-même, qui produit en lui le désir de vivre éternellement, & que comme on croit aisément ce que l'on souhaite, il s'est persuadé qu'il étoit né pour l'immortalité; mais que cette persuasion ne prouve rien. Si cette réflexion affoiblit à la vérité la preuve de l'immortalité de l'ame, que l'on tire du désir d'y arriver, du moins avouera-t-on qu'elle ne fournit pas le moindre soupçon que Dieu ait eu dessein d'anéantir notre ame: au con-

honorés par nos vices, d'avoir contribué au bonheur du prochain, ou bien d'avoir employé nos talens au malheur de la société; l'homme le plus exécrable se verroit par la mort soustrait au châtiment que ses crimes atroces ont mérité: tout le genre humain ne feroit qu'un troupeau d'animaux, vivant au jour la journée, sans espoir d'un meilleur état, & d'autant plus infortuné que pouvant réfléchir sur sa condition, & craindre la mort, il n'auroit que l'avantage de connoître sa déplorable destinée, & de s'en désespérer.

Mais l'assurance de l'immortalité de l'ame, & d'une vie meilleure pour les hommes vertueux lève toutes les difficultés que l'on fait contre la providence; elle justifie pleinement la divinité, ennoblit la vertu, adoucit les amertumes de la vie, & rend nos peines utiles & salutaires; enfin cette assurance s'accorde aussi parfaitement avec les autres vérités les mieux connues & les mieux établies de la religion naturelle & révélée. D'ailleurs sans la persuasion de l'immortalité de l'ame les actions que l'on admire le plus, ne sont que l'effet de quelque passion violente, de l'orgueil, de la vanité, de l'ambition &c. Il n'y a que ceux qui sont persuadés de l'existence de Dieu, & d'une vie à venir, qui puissent faire les actions par les motifs qui les rendent dignes de louange. Ces réflexions font voir aussi le peu de fonde-

traire, ce défir d'une vie à venir fortifie la perfuafion où nous fommes de notre immortalité, lorfque nous faifons attention à la fageffe & à la bonté de Dieu. Si l'ame ne peut ceffer d'exifter que par la volonté expreffe du Créateur, comme on peut le conclure de fa fpiritualité, nous pouvons avec confiance la croire immortelle. Ne fuffit-il pas en effet que Dieu ait exécuté le deffein de former ces êtres, capables de connoître le bonheur éternel, avec le défir d'y parvenir, pour avoir lieu d'efpérer qu'il les en

ment de ceux qui prétendroient que l'ame, cet ouvrage fi diftingué dans l'ordre des créatures, cet efprit formé capable d'admirer les œuvres merveilleufes de la création, refte après fa féparation d'avec le corps dans un état continuel d'affoupiffement, femblable à celui que nous éprouvons dans le fommeil, dans une foibleffe, ou dans une léthargie; mais quelle raifon plaufible peuvent-ils alléguer pour donner à Dieu un deffein fi contradictoire? Dieu en créant le genre humain capable de le connoître & d'admirer fes perfections infinies, ne peut avoir eu d'autre but que de le faire arriver par ce moyen à la félicité. N'eft-il donc pas très probable que nous continuerons, avec l'affiftance de Dieu, à nous exercer dans la vertu & dans la fageffe, pour nous élever de plus en plus vers la perfection & le bonheur dont notre nature eft fufceptible, & pour remplir fes vues qui étant infinies nous occuperont pendant toute l'éternité. Croire que Dieu nous arrête au milieu de notre courfe, pour nous faire rentrer dans le néant, ou pour nous priver de l'ufage de nos facultés, c'eft penfer de Dieu d'une manière bien peu digne de lui. Et l'on ne peut, fans déroger à l'idée que l'on doit avoir de l'Etre fuprême, fuppofer qu'un pareil deffein, & celui de rendre malheureufe une créature qui s'eft efforcée à lui plaire, ayent pu entrer dans le plan qu'il s'eft formé du monde, & qu'il a exécuté.

fera jouir? Pourquoi auroit-il produit des êtres avec des désirs inutiles, s'il n'avoit pas eu intention de combler ces désirs? Qu'est-ce qui pourroit d'ailleurs l'engager à discontinuer ses bienfaits à des hommes qui font tous leurs efforts pour lui ressembler, & pour remplir ses vues? Comment supposer qu'il veuille anéantir des êtres qu'il aime, & qu'il chérit comme son ouvrage le plus précieux? Je conclus donc que, puisque Dieu ne leur a point donné de penchant inutile, qu'il les a fait naître avec le désir de l'immortalité (désir qui leur seroit véritablement à charge s'il n'étoit un jour satisfait) & que Dieu ne peut avoir eu d'autre dessein en les formant que celui de les rendre heureux, leur durée sera la même que celle de Dieu. D'ailleurs si l'on considère toutes les facultés de notre ame, on trouvera qu'elles ne s'exercent ici bas que très imparfaitement, & qu'elles sont susceptibles d'un beaucoup plus grand développement. Or on connoît la destination des créatures par leur façon de vivre & par leurs facultés: elles recherchent toutes le bonheur, mais leur façon de vivre, & les bornes de leurs facultés indiquent la mesure dans laquelle ce bonheur est renfermé, & montrent quelles sont les vues de Dieu sur elles. Et comme les bêtes ne sont appellées qu'à la sorte de félicité dont leur instinct les rend susceptibles, voilà pourquoi elles ne forment point de désirs capables de les troubler dans la jouissance de leurs plaisirs. Mais l'homme, ayant l'idée d'un bonheur beaucoup plus parfait que celui de cette vie, ne peut s'empêcher de le désirer, & le court espace du temps qu'il reste sur cette terre n'étant pas propre à développer toute l'étendue de ses facultés, il y seroit déplacé: l'homme seroit un vrai hors-d'oeuvre, s'il étoit borné aux avantages de cette vie, & s'il ne devoit pas s'attendre & se préparer à quelque chose de meilleur *a)*. Il est donc destiné à un autre séjour, où ses facultés auront un exercice proportionné à leur importance, & où il jouira d'un bonheur capable de satisfaire ses désirs.

L'idée d'une vie à venir n'a rien d'impossible, & bien loin de choquer la raison, elle est son ouvrage. L'ame est un être simple, qui a la conscience de soi-même, qui se sent dans toutes les parties de son corps, dont elle diffère essentiellement, puisqu'elle ne perd pas le sentiment, quoiqu'elle vienne à les perdre: par conséquent son existence n'en dépend pas, & la destruction du corps, c'est-à-dire, la séparation de l'ame d'avec son corps, n'entraîne nullement la destruction de l'ame même; ainsi que des êtres

---

a) Nous voyons que dans la nature chaque chose a une raison suffisante de ce qu'elle est d'une manière plutôt que d'une autre; il est donc fort naturel & conforme à la raison de conclure de l'excellence des facultés de l'homme, qu'elles sont le fondement d'un état tout différent de celui de cette vie bornée à quelques années.

simples, lorqu'ils viennent à être séparés, ne perdent pas les forces dont ils sont pourvus. La raison ne conçoit pas comment après la séparation du corps l'ame jouira d'une vue immédiate; elle ignore si elle aura encore besoin d'organes & d'un miroir corporel pour voir les objets; mais ce n'est pas d'après notre propre expérience que nous pouvons juger du pouvoir de Dieu: il suffit d'avoir tout lieu de s'assurer qu'elle existera pour s'élever de plus en plus vers son souverain bien. Notre condition seroit pire que celle des bêtes, si nous étions bornés à quatre-vingts ou cent ans de vie. De quoi nous serviroient nos désirs, si non à aggraver le poids de notre infortune!

Quels seroient les avantages de la sagesse & de la vertu? De quoi nous serviroient les sacrifices que nous leur aurions faits, s'il étoit vrai que le néant nous attend après le trépas? Ne serions-nous pas des insensés de renoncer aux douceurs & aux commodités de la vie, pour faire des actions louables, dès qu'elles nous coûteroient nos plaisirs & nos biens, ou même notre vie *a*)? La conscience à la vérité approuve

---

a) Le mérite d'avoir fait le bien en renonçant pour ainsi dire, a soi-même & en sacrifiant notre vie, donne à notre être un prix infini, qui ne laisse aucun doute raisonnable sur sa durée. Mais ce n'est qu'en envisageant la vie comme un moyen de parvenir à la perfection & au bonheur que nous pouvons la mettre en comparaison avec d'autres biens: car si nous perdions notre existence avec la vie, la vie ne seroit

les bonnes actions & désapprouve les mauvaises; mais si l'on étoit une fois parvenu à se persuader qu'il n'y a point d'autre vie, on auroit bientôt étouffé sa voix. D'ailleurs, quoique la vertu ait des suites agréables pour l'homme de bien, l'expérience de tous les hommes prouve

plus alors pour nous un moyen, mais l'unique but, le dernier terme de nos désirs & de toutes nos démarches, le souverain bien auquel l'on tendroit, & que l'on rechercheroit pour lui-même. Aucun autre bien dans le monde ne pourroit entrer en comparaison avec celui-là: il seroit pour nous de la dernière importance, & devroit l'emporter sur tous les autres. Qui pourroit avec cette persuasion faire le sacrifice de sa vie, même pour le salut de sa patrie? Il s'éléveroit entre l'Etat & ses sujets une guerre ouverte, lorsqu'il mettroit la vie de quelque citoyen en danger. Et qui plus est, cette guerre seroit très juste, tant de la part de la patrie qui a droit d'exiger que le citoyen se sacrifie pour le bien public, que de la part du citoyen qui seroit en droit d'entreprendre tout ce qui pourroit contribuer à la conservation de sa vie, puisque suivant cette hypothèse elle seroit son souverain bien: chaque être moral auroit dans ce système un droit décidé & incontestable de causer la ruine de l'univers entier pour empêcher la perte de son existence. Mais qu'est-ce qui résulteroit de ce système? La confusion & le désordre, un soulèvement général, un bouleversement entier dans le monde moral, une guerre universelle & juste de part & d'autre, dans laquelle chacun auroit le droit de son côté, & qui ne pourroit être décidée en faveur de l'un plutôt que de l'autre, les droits étant égaux. Quoi de plus absurde que de pareilles propositions! C'est cependant ce qui suit de cette opinion: mais une doctrine qui ne peut subsister qu'en admettant des contradictions manifestes, est évidemment fausse; car il regne dans la chaîne des vérités une parfaite harmonie que rien ne peut troubler. Devant le tribunal de la vérité il n'y a aucune incertitude sur le juste

qu'elles sont insuffisantes pour nous consoler efficacement dans l'adversité. Il n'y a que l'immortalité de l'ame & l'espérance de la faveur de Dieu qui puisse le faire. Il n'y a que sa justice qui nous rassure, par la ferme persuasion que

& sur l'injuste dont la différence est décidée par des règles invariables qui déterminent les devoirs & les droits de chaque être moral. Aux yeux de Dieu, établir le droit d'un être sur une chose sur laquelle un autre être auroit un droit égal, est aussi absurde & aussi contradictoire, que d'admettre en même temps une proposition & la proposition qui lui est contraire, ou de prétendre qu'une chose existe & n'existe pas en même temps. Dès qu'on suppose que quelqu'un a un droit sur une personne, on doit reconnoître dans cette personne une obligation qui réponde à ce droit. Si l'opinion que l'on vient de combattre avoit quelque solidité; il s'ensuivroit encore que le criminel le plus coupable, non seulement ne seroit pas obligé de souffrir la peine qu'il a si justement encourue & méritée par les actions les plus atroces; mais encore qu'il seroit autorisé à tout entreprendre contre l'Etat qui demanderoit sa mort. Cependant si l'Etat a le droit de punir celui qui l'a grievement offensé, & même de le priver de la vie, celui-ci est dans l'obligation de subir le châtiment qu'il s'est attiré par sa conduite criminelle. Avant que d'avoir commis les crimes dont il s'est rendu coupable, il étoit incontestablement, & comme homme, & comme citoyen, tenu de procurer le bien des autres hommes, & sur tout de ses concitoyens. Comment pourroit-il être en droit de leur nuire? Qu'est-ce qui peut l'avoir délié de ses obligations, & lui avoir donné même le droit de détruire tout ce qui l'environne? Qu'est-ce qui peut avoir opéré un si grand changement dans la nature de ses devoirs? Oseroit-on avancer que *c'est le crime même qu'il a commis?* Enfin une suite inévitable de ce système, c'est de nier la divine providence, qui ne pourroit subsister dans un pareil chaos. Voyez le *Phédon* de M. Mendelsson.

la vertu, souvent opprimée dans ce monde, sera dédommagée dans la vie à venir de ce qu'elle a souffert ici bas, *a*) & que le vice recevra les châtimens qu'il avoit mérités, & auxquels il échappe quelquefois sur cette terre; les crimes étant rarement suivis de peines proportionnées à leur atrocité.

Quelle idée pourroit-on se former de Dieu s'il n'y avoit pas une autre vie? Non seulement il auroit manqué son ouvrage, mais sa justice & sa bonté seroient en défaut. Au contraire, s'il y a une vie à venir, si ce monde n'est qu'un état d'épreuve, un noviciat pour l'éternité, si les afflictions nous sont avantageuses, & nous préparent pour les vrais biens, s'il y a des récompenses pour les bons & des châtimens réservés aux méchans, toutes les difficultés qui se rencontrent dans la nature & dans la permission

―――――――――――
a) „Ayant demontré que l'ame est immortelle, nous en „devons conclure qu'il en faut avoir un grand soin. Car si „elle mouroit avec le corps, ce seroit un gain pour les mé„chans, les peines qu'ils méritent finissant avec leur vie. „Mais si l'ame ne périt pas par la mort, il n'y a de réfuge „pour tous les hommes en général, qu'en vivant conformé„ment aux règles de la justice & de la sagesse. *Platon.* „Quand par la mort l'union du corps & de l'ame est rompue, „l'ame va en des lieux cachés, mais purs & agréables, où elle „trouve un Dieu bon & plein de sagesse, où j'espere, s'il plait „à Dieu, d'arriver bientôt. Là mon ame unie à quelque „chose de divin & d'immortel, de sage deviendra heureuse, „délivrée des erreurs, de l'ignorance, des craintes, des „mauvaises amours, & de tous les autres maux auxquels les „hommes sont ici sujets. *Idem.*

du mal, toutes les contradictions dans l'homme disparoissent, tout s'applanit, & l'homme est fait pour avancer sans cesse dans la route de la perfection & du bonheur.

39.

L'homme a tout lieu d'être content de sa noblesse & de sa grandeur; mais il s'estime au de là de son prix, lorsqu'il se regarde comme le centre de l'univers, & qu'il prétend que tous les êtres n'agissent que pour lui. Imbu d'un préjugé aussi dangereux, il se place dans un faux point de vue, & c'est alors qu'il juge mal des ouvrages de Dieu, & qu'il pense y trouver des irrégularités & des défauts qui n'y sont pas: c'est alors qu'il est mécontent, & qu'il se rend malheureux, en aspirant à des biens qui ne lui sont pas destinés, & en manquant le seul but auquel il doit tendre pour arriver à la félicité.

CHAPITRE VI.
Du bonheur de l'homme, inséparable de la perfection.

40.

Ces considérations sur l'homme nous prouvent, que Dieu en a usé avec lui comme il convenoit avec un être doué d'intelligence. Il falloit lui proposer une fin digne de l'excellence de sa nature, & lui fournir les moyens d'y arriver. C'est ce que Dieu a fait avec une sagesse
tout-

tout-à-fait admirable. La fin de l'homme c'eſt ſa perfection, inſéparable de la vraie félicité, à laquelle il eſt porté par le déſir d'être heureux. La voie pour y arriver, c'eſt l'obſervation des devoirs qui l'élèvent à la plus haute perfection dont il eſt capable, & ſans laquelle il ne ſera jamais ſolidement heureux; La raiſon ne va pas plus loin; mais la religion nous montre encore une autre voie pour arriver au bonheur, c'eſt celle des épreuves & des afflictions pendant notre ſéjour ſur la terre, ou plutôt c'eſt le renoncement à ſoi-même, & la diſpoſition d'un cœur vertueux qui ſonge encore plus à faire la volonté de Dieu, & à lui plaire, qu'à ſe procurer par là un état heureux: mais, au reſte, admirons l'infinie bonté de Dieu, qui ne demande à l'homme que ce qui le conduit au vrai bonheur.

41.

La vue de la perfection eſt en effet la ſeule choſe qui cauſe à l'homme un plaiſir véritable, une joie pure, conſtante & entière. Ce qui contribue à cette joie eſt un bien réel qui doit être l'objet de nos recherches; & ce qui s'y op-poſe eſt un mal, qui n'a tout au plus que l'ap-parence du bien, & que l'on doit éviter avec ſoin; ainſi les plaiſirs des ſens qui ne cauſent qu'une joie paſſagère, & qui ne font que cor-rompre le cœur & l'eſprit, ſont de vrais maux qui font payer bien cher la ſatisfaction qu'ils ont procurée. Tôt ou tard l'illuſion diſparoît,

& il ne reſte que l'amertume dont ils ſont infailliblement ſuivis, avec le regret de s'être cruellement trompé.

42.

Plus un bien contribue à la perfection de l'homme & à ſon bonheur, & plus il mérite qu'on travaille à l'acquérir. Cette vérité nous conduit à reconnoître quel eſt notre ſouverain bien. Le premier, le plus parfait de tous les biens, le ſeul ſuffiſant à tout, c'eſt Dieu; tous les autres biens proviennent de lui, & lui ſont ſubordonnés. Si l'on entend donc par le ſouverain bien l'état le plus heureux de l'homme, c'eſt ſans doute l'état de perfection; mais ſi l'on entend par là l'objet de nos recherches, le ſeul capable de nous porter à la plus haute perfection, & au plus grand bonheur dont nous ſommes ſuſceptibles, c'eſt Dieu inconteſtablement. Il ne faut pas confondre le but de l'homme, avec le motif que Dieu lui préſente, pour l'engager à répondre à ſa fin. Toutes choſes doivent ſe

---

a) „Dieu ſeul peut être le ſouverain bien comme cauſe „de tout ce qui ſe fait ici. Toutes les créatures ſont non „ſeulement ſon ouvrage, mais ſes miniſtres, par leſquels „il fait tout, en leur donnant autant d'efficace qu'il veut. „Il ne faudroit donc chercher de bonheur qu'en lui, & à pro- „portion dans les créatures, autant qu'elles ont du rapport „à lui. Entre celles-ci l'ame de l'homme eſt ce qui en „approche de plus près, d'où vient que la ſageſſe tient après „Dieu la ſeconde place. *Platon*. . . . Dieu eſt le lien & le „centre de toutes choſes, il faut lui rapporter tout. Qui en „uſe ainſi eſt le vrai ſage. *Idem.*

rapporter à Dieu comme à leur centre; & l'homme y est amené par la vue du bonheur. C'est ainsi que l'amour de soi-même & l'amour de Dieu s'unissent, & se confondent dans un homme qui a ses véritables intérêts à cœur.

43.

Les diverses prérogatives de l'homme, en nous découvrant les vues particulières de Dieu sur lui, nous font connoître en même temps les devoirs qu'il doit remplir.

CHAPITRE VII.
Des actions humaines, de la vertu & du vice, des motifs de nos actions, des récompenses & des peines.

44.

Les actions qui procurent notre perfection & celle des autres hommes sont bonnes: celles qui y nuisent sont mauvaises.

45.

On demande, s'il y a des actions indifférentes? En admettant selon les idées de *Wolff* que les suites de nos actions, quelles qu'elles soient, contribuent plus ou moins à notre perfection, & que l'on est obligé d'embrasser toujours par préférence le parti qui nous rend plus parfaits, on avouera qu'il n'y a point au fond d'actions réellement indifférentes. Il est vrai que dans la plupart des actions on entrevoit presque toujours un mieux, qu'on doit regarder comme ordonné par la loi de la raison; cependant eu égard aux bornes de l'esprit humain, & à la foiblesse de la raison, qui ne sauroit tout prévoir, il y a des actions qui nous paroissent indifférentes. Souvent l'esprit irrésolu sur ce qui lui convient le mieux balance, & ne fait un choix que parce qu'il faut se déterminer; ou bien il n'agit que sur des apparences trompeuses qui lui en imposent malgré lui. De sorte que par là une action devient tellement indifférente qu'elle ne nous sera point imputée. C'est la raison pourquoi dans l'établissement des loix civiles, quelques unes de ces loix tolèrent même des choses qui sont à la rigueur contraires à la morale; mais qu'il est impossible de prévoir, parce qu'elles dépendent du plus ou du moins de prévoyance, du plus ou du moins de lumières. Ainsi on n'a point d'action en justice contre un mineur, ni contre une femme, pour les obliger à remplir certains engagemens quoique permis par les loix naturelles; ni pour faire résoudre ou annuller une vente injuste par rapport au prix, quand il ne s'agit pas d'un héritage vendu au dessous de la moitié de sa juste valeur. On est obligé de s'en remettre à cet égard au jugement de Dieu qui seul connoît l'intérieur des hommes, & jusqu'à quel point ils ont négligé leur devoir. Cependant on conçoit en même temps, que bien que ces loix nous mettent à l'abri des peines arbitraires, elles ne nous exemptent pas de celles qui font des suites naturelles de l'imperfection.

46.

La vertu est l'habitude de conformer ses actions aux règles de la loi naturelle. Le vice, au contraire, est l'habitude de désobéir à cette loi.

47.

Le tempérament peut aussi bien que le climat influer sur nos inclinations & sur nos goûts; mais ni le tempérament, ni le climat, ne constituent pas la vertu, & l'on trouve des gens vertueux dans tous les pays. La vertu ne dépend pas non plus de l'opinion ou de la coutume: mais l'une & l'autre ayant une grande influence sur nos sentimens, il est fort avantageux de procurer aux hommes des idées vraies, & de combattre les préjugés funestes des coutumes & des opinions. L'association des idées auxquelles on est accoutumé dès l'enfance est difficile à détruire: aussi ceux qui passent la plus grande partie de leur vie avec des hommes vicieux, sont moins choqués des vices & des actions déréglées, que ceux qui ne fréquentent que des hommes vertueux. De là plus d'humanité chez les peuples policés, & de férocité chez les sauvages. Dès que l'habitude de nous conformer à la loi de la raison & aux principes de la vertu, est fortifiée en nous, nous pouvons plus aisément nous garantir des illusions de l'amour propre, & des impreſſions que font ſur nous les préjugés & les mauvais exemples.

48.

L'homme ſe détermine au bien par divers motifs. Il n'y a perſonne qui dans le jugement qu'il porte d'une action, confonde celle qui eſt faite par intérêt, ou par orgueil & par vanité, avec celle qui eſt faite par raiſon & par amour pour Dieu, dans le deſſein de ſe conformer à ſa volonté. La perfection étant inſéparable du vrai bonheur de l'homme, il a divers motifs pour ſe déterminer; mais il ne doit jamais perdre de vue l'auteur de ſon exiſtence : il doit au contraire avoir conſtamment dans le cœur le déſir d'obſerver ſes loix. Les récompenſes ſont des motifs par leſquels Dieu nous engage à ſuivre le ſentier de la vertu, comme les peines ſont deſtinées à nous éloigner du vice.

49.

Il y a des récompenſes & des peines qu'on appelle *naturelles*, parce qu'elles ſont des ſuites immédiates de nos actions. Mais il y a auſſi des peines & des récompenſes *arbitraires* qui, ſans être néceſſairement liées avec nos actions, y ſont ajoutées, pour être de nouveaux motifs qui nous portent à pratiquer la vertu & à fuir le vice. L'expérience prouve ſouvent que la vertu reçoit ſa récompenſe dès cette vie, & le vice ſes peines. En effet quelle n'eſt pas la douceur & la tranquillité d'un homme affermi dans la vertu!

Quelle n'est pas au contraire l'agitation & le trouble d'un méchant! Un homme vicieux n'est heureux qu'en apparence.

50.

Que Dieu inflige des châtimens arbitraires à ceux qui transgressent ses loix, c'est de quoi la raison ne nous permet pas de douter *a*). Elle nous apprend que Dieu aime la vertu, & qu'il a le vice en horreur; elle nous enseigne que connoissant, comme il fait, toutes nos démarches, il approuve celles, qui sont conformes à ses loix, & ne peut que désapprouver celles qui y sont contraires; que par conséquent il ne traitera pas également les vertueux & les vicieux,

―――――――――――
a) „Le culte des Dieux consiste à croire premièrement „qu'ils existent, ensuite à reconnoître leur majesté souveraine „& leur bonté, sans laquelle il n'y a point de véritable gran„deur. Il faut aussi être persuadé que ce sont eux qui gou„vernent l'univers, qui par leur puissance règlent & con„duisent toutes choses, qui prennent soin du genre humain, „& qui entrent même quelquefois dans les affaires des par„ticuliers. Comme ces êtres souverains ne sont point su„sceptibles de mal, ils n'en font point aussi. *Il est vrai* „*pourtant qu'ils châtient quelques personnes, & qu'ils re*„*priment leur malice: quelquefois même ils punissent, lors*„*qu'ils semblent accorder quelque faveur. Voulez, vous les* „*avoir propices? soyez gens de bien.* Sen. Epist. 95." J'ai eu occasion à l'article de la providence, & ailleurs, de faire remarquer que les peines naturelles du vice ne sont pas proportionnées à l'atrocité des crimes d'un grand nombre de méchans. On ne sauroit donc concilier le sort heureux dont plusieurs d'entr'eux jouissent, avec la justice de Dieu, qu'en supposant une autre vie où ils subiront les châtimens qu'ils ont mérités dans celle-ci.

mais qu'il récompenfera les uns, & punira les autres. On eft d'autant plus fondé dans cette perfuafion que ce monde étant pour les hommes un féjour & un état d'épreuve, Dieu permet affez fouvent que la vertu y foit dans la fouffrance, pendant que tout rit & profpère au vicieux. Mais Dieu pourroit-il permettre, que la vertu fût fi mal partagée, s'il n'avoit deffein de l'en dédommager un jour? Le vice échapperoit-il aux peines qu'il mérite, s'il ne devoit les recevoir dans une autre vie? C'eft ce qui répugne à l'idée que nous avons de la fainteté, de la juftice & de la fageffe de Dieu, qui dès cette vie manifefte quelquefois fa févérité, dans les jugemens terribles qu'il exerce de temps en temps contre les méchans, en leur envoyant des maux qui fans être des fuites naturelles du péché font la jufte rétribution du pécheur. Au refte, fi Dieu avoit puni les crimes d'abord après qu'ils ont été commis, l'homme n'auroit pas été amené à l'efpérance d'une autre vie, & Dieu lui auroit ôté les moyens de fe repentir: fa miféricorde lui donne donc le temps de rentrer en lui-même, & cette attente s'accorde avec le plan d'épreuve que Dieu s'eft propofé, & qu'il a exécuté dans fon amour pour le genre humain.

51.

On objecte, à la vérité, que ces malheurs imprévus qui viennent accabler de mifère & d'infortune ceux qui s'adonnent au crime, que ces événemens que l'on prétend être dirigés par la providence, pour confondre l'iniquité, arrivent également à des hommes, qui paroissent très estimables & vertueux. On l'a déjà insinué, ce sont des épreuves qui donnent occasion à la vertu de briller avec plus d'éclat; Mais d'ailleurs tel est aux yeux du monde un homme de bien qui n'est qu'un scélérat dans le fond du cœur; tel événement paroît heureux qui n'est qu'un acheminement à un plus grand désastre, & qui rend la chute du méchant d'autant plus éclatante. Combien de choses regardons-nous comme des biens qui sont des maux réels, & combien de véritables maux prenons-nous pour des biens? Dieu a ses vues, & des vues très sages, dans tout ce qu'il fait. Le vicieux peut par la considération des bienfaits de Dieu être porté à se convertir, & celui qui n'est pas ennemi de la vertu, humilié par les accidens sinistres qui lui arrivent, profite de l'adversité pour se détacher du monde, & s'attacher uniquement à l'acquisition des biens pour lesquels il a été proprement formé. Combien de gens auroient vécu dans un assoupissement funeste, si les afflictions ne les en eussent tiré!

CHAPITRE VIII.
De la conscience.

52.

Le jugement que nous portons de nos actions, accompagné d'un sentiment de satisfaction & de plaisir, lorsqu'elles sont bonnes, de douleur

& de crainte, lorsqu'elles sont mauvaises; c'est ce qu'on appelle *conscience*. Les remords de la conscience *a*) sont ces allarmes & ces chagrins, qui marchent à la suite du crime.

53.

Chez les uns la conscience est droite, sure, tranquille; chez d'autres elle est seulement probable & incertaine; chez d'autres enfin elle est scrupuleuse, timorée, erronée, & souvent esclave des passions. Comment, dira-t-on, la conscience que Dieu nous a donnée pour nous servir de forte barrière contre le vice, peut-elle nous induire en erreur, ainsi qu'on le voit arriver dans les consciences erronées? Voici ma réponse; C'est que malheureusement nous ne faisons pas un bon usage de toutes nos facultés. J'apperçois dans la conscience une lumière & un sentiment. La lumière de l'entendement me met en état de juger que Dieu désapprouve le crime, & qu'il le punit. Je vois d'ailleurs des exemples de sa justice, & j'apperçois les suites funestes

---

a) „La vraie punition d'un scélérat, dit Ciceron, c'est „sa conscience. Il est agité, il est poursuivi, non par des „furies, avec des torches ardentes, comme dans les tragé-„dies, mais par le remords, qui est l'effet du crime. *de Legib. I.* „Quiconque a été injuste, dit-il ailleurs, porte en lui-„même la principale cause de sa frayeur. Il ne lui faut que „son crime pour le tourmenter, pour lui troubler l'esprit. „Au fond de sa conscience il sait avoir fait mal, & voilà ce „qui l'épouvante. *Orat. pro Roscio.*

& ordinaires du crime. Cette connoiſſance qui eſt fondée ſur la nature même des choſes, & puiſée dans l'idée que nous avons de Dieu, doit néceſſairement imprimer de la frayeur dans nos ames, lorſque nous avons le malheur d'offenſer l'Etre ſuprême. Ainſi & la lumiere de la raiſon & le ſentiment, en tant qu'ils procèdent de la nature même des choſes, ne nous trompent pas: mais cette lumière, pure dans ſa ſource, eſt alterée par l'éducation, par les préjugés, par la précipitation, par les paſſions, & par toutes les cauſes de nos faux jugemens qui nous empêchent d'y faire attention. C'eſt ainſi que la lumière de l'entendement qui apprend à glorifier Dieu, eſt offuſquée par le préjugé qui perſuade au ſuperſtitieux que c'eſt travailler à la gloire de l'Etre ſuprême, que d'exterminer tous ceux qui n'en ont pas les mêmes idées que lui: perſuaſion qu'il n'auroit pas, ſi dans le même temps il ne détournoit la vue de cette lumière, en tant qu'elle l'éclaire ſur les devoirs envers le prochain, ſur la douceur, la patience & la charité, & s'il ſe laiſſoit aller au ſentiment de bienveillance que nous avons naturellement pour nos ſemblables: mais lorſque la paſſion s'en mêle, on ne voit ni ne ſent rien que ce qui la favoriſe.

54.

Eſt-il poſſible d'agir contre la conſcience? C'eſt ce dont nous faiſons tous les jours une funeſte expérience *a*). Souvent nous n'ignorons pas ce qu'il faudroit faire pour nous acquiter de nos devoirs ; mais le ſentiment de honte & de crainte, qui accompagne une mauvaiſe action à laquelle nous ſommes portés par quelque paſſion violente, eſt foible, & moins fort que le déſir de jouir de la ſatisfaction que cette action nous promet : de là vient que nous nous y livrons, & que nous fermons volontairement les yeux à ſes déplorables ſuites ; d'autant plus que ſouvent nous ne les appercevons que dans un grand éloignement, & que nous nous flattons mal à propos de leur échapper, ou bien de les prévenir.

55.

On demande s'il eſt permis d'agir contre la conſcience ? Pour réſoudre cette queſtion, il eſt néceſſaire de diſtinguer entre la conſcience droite, & la conſcience erronée, entre celle qui n'eſt que probable, & celle qui eſt eſclave des paſſions, & qui nous fait juger des choſes en conformité de nos déſirs déréglés. Il eſt clair qu'on ne doit pas agir contre la conſcience droite, qui ne diffère pas de la loi de la nature même, ni contre la conſcience probable, toutes les fois que l'on court riſque de négliger ſon devoir. Dans le doute il faut donc ſuſpendre l'action juſques à ce que l'on ſoit ſuffiſamment éclairé

---

a) Tout le monde peut ſe faire une application de ces fameuſes paroles de Médée :

— — Video meliora, proboque, deteriora ſequor.

sur ce que le devoir exige. A l'égard des consciences erronées, on ne devroit pas les écouter; mais comme l'intention de mal faire ne peut être agréable à Dieu, & qu'en se refusant aux mouvemens de sa conscience, on est persuadé intérieurement qu'on manque à ce qu'on lui doit: quel n'est pas le malheur de ceux qui ont une conscience erronée? S'ils en suivent les mouvemens, ils s'égarent; s'ils agissent contre ses directions, ils ne peuvent espérer d'être agréables à Dieu, puisque leur dessein est de lui déplaire. Enfin par rapport à la conscience esclave des passions, il seroit nécessaire de s'y opposer, s'il étoit possible, tant que l'esclavage dure, de nous arracher à notre cupidité. Il est donc de la dernière importance pour l'homme, de s'instruire, & de travailler à secouer le joug des passions.

Il peut arriver, au reste, dans certains cas, que deux loix concourent de façon qu'on ne peut obéir à toutes deux, & qu'il faut de toute nécessité donner la préférence à l'une ou à l'autre: on dit alors qu'il y a *collision* entre les deux loix, & que l'une doit céder à l'autre, comme lui étant subordonnée. Voici deux règles qu'il faut observer sur ce sujet. Première règle. *Lorsque deux loix concourent, dont l'une est la conséquence, & l'autre la raison de la conséquence, la loi qui fournit la raison, doit l'emporter sur celle qui n'en est que la conséquence.* Ainsi, quoiqu'on ait promis à un homme de lui donner une épée, on ne peut la lui remettre, fi l'on voit qu'il eft furieux, ou qu'il veut ou peut en faire un mauvais ufage. Seconde règle. *On doit préférer le devoir le plus important à celui qui l'eft moins, & faire attention à la qualité & au nombre de relations qui peuvent faire pencher la balance.* Ainfi il faut fauver plutôt la vie à un homme qui eft prêt de fe noyer, que de montrer le chemin à un homme qui s'eft égaré: Ainfi il faut obéir à Dieu plutôt que de complaire aux hommes: ainfi, toutes chofes d'ailleurs égales, il faut accorder l'affiftance à fon père préférablement à un étranger.

56.

L'homme veut-il vivre tranquile & heureux? qu'il faffe tous fes efforts pour acquérir une confcience droite & certaine *a*): qu'il cultive pour cet effet fon entendement avec foin, & qu'il apprenne non feulement à difcerner le bien du mal, mais encore à fe rendre maître des fens, & à fe fouftraire à l'empire de fes penchans déréglés? Par ce moyen il parviendra à agir avec

---

a) Horace reconnoît le bonheur d'un homme qui n'ayant à pâlir d'aucune faute ne redoute pas fa confcience.
Murus aheneus efto
Nil confcire fibi, nulla pallefcere culpa.
lib. 1. Ep. 1. vf. 60. 61.
Socrate regardoit les débauchés comme des gens qui ne favent pas calculer, & fe trouvent trompés dans leur attente *Plato in Prot.*

assurance, à lever peu à peu tous ses doutes, & à se débarrasser des craintes mal fondées d'une conscience scrupuleuse & timorée.

57.

Les motifs influent beaucoup, comme on l'a vu, sur la détermination de notre volonté. Voulez-vous donc que les hommes se portent de bon cœur à la pratique de la vertu? éclairez les sans cesse sur leurs devoirs, & présentez-leur les puissans motifs, que nous avons pour nous en acquiter. D'un côté faites-leur appercevoir les charmes de la vertu, & la satisfaction, qui l'accompagne; de l'autre montrez-leur toute la noirceur du vice, & les chagrins qu'il cause à ceux qui s'y plongent. Détrompez-les de l'illusion des sens qui promettent beaucoup plus qu'ils ne peuvent tenir. Faites leur remarquer les heureux événemens qui arrivent aux honnêtes gens, & les châtimens non attendus dont Dieu visite les méchans. Il faut les convaincre que si la plupart d'entr'eux ne sont pas favorisés de la providence, c'est que leurs déréglemens y forment des obstacles continuels *a*). Enfin engagez-les à reconnoître que le bien public & le bonheur du prochain sont étroitement liés

---

a) Il est en effet raisonnable de croire que Dieu n'emploie la voie des maux & des afflictions pour amener les hommes à la perfection & au bonheur, que parce que la voie des bienfaits ne suffit pas. Son immense bonté ne nous permet pas d'en porter un autre jugement.

avec leur propre bonheur, pour qu'ils soient engagés par toutes ces considérations à faire de continuels progrès dans la pratique de la vertu.

Une observation digne de toute notre attention, c'est que notre entendement veut le bien qu'il voit, mais qu'il ne peut cependant s'y déterminer, lorsque l'habitude au mal a acquis un certain degré de force: cette habitude peut même tellement s'enraciner qu'elle se change en une seconde nature qui nous met dans l'impossibilité de faire le bien: en vain alors éclaire-t-on l'entendement. Rien n'est donc plus intéressant pour le bonheur des hommes, que de les accoutumer dès leur plus tendre jeunesse, par des actes de vertu souvent réitérés, à plier toujours leur volonté suivant les lumières de l'entendement, de les y encourager par toutes sortes de voies raisonnables, & d'empêcher qu'ils ne contractent de mauvaises habitudes.

CHAPITRE IX.

De la connoissance du cœur humain, & surtout de la connoissance de soi-même.

58.

Pour faire des progrès dans la vertu, il est nécessaire de bien s'étudier soi-même, d'entrer dans les plis & les replis les plus cachés du cœur,

pour

pour découvrir tout ce qui s'y passe *a*); de peser avec toute l'attention dont on est capable, & sans se faire illusion par des espérances vaines & chimériques, les suites de nos actions, pour savoir jusqu'à quel point elles peuvent concourir à notre perfection, ou y préjudicier; enfin il faut examiner, si dans les biens que nous poursuivons nous trouverons des avantages réels & solides. Par là nous serons mis en état de nous conduire avec sagesse, & de proportionner toujours nos recherches à la nature même des biens.

59.

La chose la plus importante à l'homme est donc de se bien connoître. On y parvient surtout en se comparant tant avec ce qui est au dessus de nous qu'avec ce qui est au dessous; mais

---

a) Il faut surtout connoître quelles sont les passions favorites, qui nous dominent le plus, & qui influent sur presque toutes nos démarches. On ne peut rien faire de plus utile dans la vue de se vaincre & de s'amender, que de s'examiner tous les soirs sur la conduite qu'on a tenue dans la journée, & sur les progrès que l'on a faits dans les combats qu'on livre à ses penchans favoris & déréglés. Cette étude de soi-même est pénible & amère, parce que l'examen que nous faisons de notre cœur, lorsqu'il est sincère, ne tourne pas à notre honneur. Aussi le nombre de ceux qui cherchent à se connoître est très petit; la plupart des hommes préfèrent de s'ignorer eux-mêmes, pour vivre au gré de leurs passions criminelles. *v. Isidor. Pel. lib. II. ep. 240.*

On avoit gravé en caractères d'or sur le temple d'Apollon, cette maxime: *Connoi-toi toi-même.* Ciceron remarque qu'il ne s'agit pas de la connoissance du corps, mais de celle de l'ame. *Tuscul. quaest. lib. I. c. 22.*

il n'y a point de méditation plus utile, lorsqu'elle est faite avec un juste discernement, que celle des avantages que nous avons sur les animaux.

 Quel n'est pas l'égarement de ces hommes insensés qui détournent volontairement leurs regards de la noblesse de leur nature, pour se dégrader ; qui se prévalent de quelque ressemblance que nous avons avec la bête pour vivre en brutes ; & qui suivent aveuglément les impressions des sens, sous prétexte que ce sont celles de la nature même ? Mais la nature de l'homme peut-elle donc être confondue avec celle des bêtes ? L'homme ressemble, il est vrai, en bien des choses, aux animaux : il a comme eux un corps organique ; comme eux il soutient sa vie par la nourriture ; comme eux il a la faculté de se mouvoir, de se transporter d'un lieu à un autre, de rechercher ce qui lui plaît, & de fuir ce qu'il redoute ; comme eux il jouit des sens, de l'imagination & de la mémoire ; comme eux il est susceptible de plaisir & de douleur, de désir ou d'aversion, de bonheur ou de malheur ; comme eux il se multiplie, & de même que les bêtes chérissent leurs petits, il est plein d'une tendre affection pour ses enfans, il en prend soin, & les défend contre les insultes ; il est encore, comme les animaux, exposé aux accidens de la vie & sujet aux maladies & à la mort. La bête l'emporte même sur l'homme à bien des égards, & son bien être paroît moins équivoque que celui de l'homme, presque toujours traversé par des malheurs réels ou du moins imaginaires. Mais si l'homme naît dans une entière destitution des choses nécessaires à sa conservation; s'il lui faut du temps pour acquérir les connoissances & les habitudes dont il a besoin, c'est qu'il est appellé à se conduire, non par un instinct aveugle, mais par le flambeau de la raison, qui le distingue de la bête, & l'élève infiniment au dessus d'elle.

I. Et d'abord la raison le dirige dans la jouissance des plaisirs sensuels: en les proportionnant à ses vrais besoins & à ses forces, elle les assaisonne & les varie: c'est aussi la raison qui le porte à donner la préférence aux plaisirs les plus nobles & les plus dignes de l'homme. Dès qu'il s'écarte un instant de ce qu'elle lui prescrit là-dessus, il éprouve la peine de son égarement, si ce n'est pas toujours par des suites funestes, c'est souvent par les remords de sa conscience.

II. La raison, en lui faisant voir que les besoins naturels sont bientôt satisfaits, & que les voluptés grossières ne sauroient être constamment notre partage, le conduit insensiblement à la recherche des plaisirs de l'entendement, dont les bêtes n'ont aucune idée.

III. C'est alors sur tout qu'il se distingue des animaux par la recherche des arts & des sciences, & que s'élevant jusques à Dieu même, il parvient à connoître cet être suprême, & les vues qu'il a eues dans la formation du monde & du genre humain ; c'est alors que tout occupé des loix que Dieu a gravées dans son cœur, & convaincu de la noblesse de sa nature, & de sa destination, il sent qu'il est fait pour pratiquer la vertu, & pour travailler au bien de la société. C'est alors enfin qu'il apperçoit tout le désordre des passions déréglées, & que son cœur se révolte contre les hommes vicieux, & sur tout contre ces philosophes orgueilleux qui malgré leur néant s'érigent en juges de la Divinité & de sa providence, & voudroient se soustraire à son autorité.

IV. Par le moyen de la raison & de la conscience, dont les animaux sont privés, l'homme peut encore se convaincre qu'il est appellé à une plus grande perfection & à un plus grand bonheur. Il cherche à surpasser ses ancêtres & à se surpasser soi-même. Ses désirs vont beaucoup au delà de ce qu'il possède, aucun contentement passager & terrestre ne peut le faire renoncer à la félicité dont il se sent capable. Qui pourroit méconnoître ici l'avertissement divin, les vues de Dieu qui lui a donné des facultés & des désirs, pour lui faire connoître le but auquel il doit tendre, & l'immortalité à laquelle il est appellé. Voilà la nature de l'homme, d'où découlent ces quatre conséquences.

1. L'homme ne doit pas se laisser conduire par un instinct aveugle comme les bêtes, puisqu'il

en diffère à tant d'égards, & qu'il a reçu un autre guide dont il doit suivre les directions. Lorsdonc qu'il enfraint les loix que lui prescrit la raison, il agit contre sa nature & en vraie brute.

2. Les besoins qui nous environnent nous avertissent de faire usage de la raison, pour suppléer à l'industrie naturelle qui nous manque.

3. Puisqu'en satisfaisant à nos besoins corporels, nous ne sommes pas aussi heureux que les bêtes, il faut que la raison épure ces besoins, & nous conduise à d'autres plaisirs plus proportionnés à la dignité de notre nature, tels que sont ceux de l'entendement, la connoissance de la vérité & de la perfection.

4. Comme nous appercevons dans l'avenir un état plus heureux auquel tendent nos désirs, c'est pour cet état que nous devons sur tout revêtir les dispositions convenables; d'autant plus, que l'expérience nous apprend que nous ne pouvons obtenir ici bas un parfait contentement. Au reste, la raison, obscurcie par la corruption naturelle de l'homme, nous laissant dans une entière incertitude sur les moyens d'appaiser la Divinité offensée, il a fallu que la religion *a)* nous fît

---

a) Les payens ont reconnu la nécessité de la révélation. Voyez *le Second Alcibiade de Platon.* Quel bonheur d'avoir sur notre destination une certitude entière que nous ne pouvions obtenir de notre simple raison? Nous serions cependant privés de ce précieux avantage, si Jesus-Christ n'avoit envoyé ses disciples annoncer par toute la terre les vérités consolantes de la religion, & ne les avoit doués pour

connoître, d'une manière plus évidente, la félicité que Dieu destine à l'homme, & la route qu'il doit tenir pour y arriver.

60.

Pour satisfaire à toutes ses obligations, il ne suffit pas de se connoître, il faut encore connoître les autres hommes, & leur ôter le masque dont ils se couvrent; sans quoi l'on court risque de faire mille fausses démarches. Mais quiconque se connoît à fond, parviendra aisément à connoître les autres, sur tout s'il peut découvrir leurs passions dominantes. Il ne s'agira la plupart du tems que de faire attention aux circonstances dans lesquelles ils se rencontrent. Cette connoissance du cœur humain a sur tout son usage dans la politique.

CHAPITRE X.
De l'application des divers principes, pour juger de nos devoirs dans les divers états où la providence nous place.

61.

Des divers principes de nos obligations résultent les règles *a*) ou les loix naturelles, dont l'une des principales est sans contredit celle-ci,

cet effet du don des langues. Ce don est, au reste, un de ces faits qui, de même que la résurrection du Seigneur, ne laisse même aucun soupçon que les apôtres & les autres disciples ayent pu se tromper, ou être trompés. Voyez, l'article 24. & *le discours préliminaire.*

a) On n'est point fondé a regarder la règle qui prescrit d'étudier les vues de Dieu, & de s'y conformer, comme

Faites tout ce qui tend à votre perfection & à celle des autres hommes, & évitez soigneusement tout ce qui peut occasionner quelque imperfection, soit en vous mêmes, soit dans vos semblables. Les règles ou les maximes qui ont été rapportées dans le *discours préliminaire*, en nous portant à l'amour de Dieu, nous invitent sur tout à l'imiter dans la charité qu'il a pour tous les hommes. On en peut déduire tous nos devoirs, tant ceux envers Dieu, que ceux auxquels nous sommes obligés envers nous-mêmes & envers le prochain, soit que nous nous considérions comme vivans dans l'état de nature, ou comme membres d'une société civile, ou enfin comme créatures destinées à l'immortalité. Comme créature immortelle, l'homme, formé à l'image de Dieu, est appellé à le connoître, à l'aimer, à le craindre, à l'honorer, à le glorifier, à l'invoquer, & à lui rendre des actions de graces, à

---

inutile, sous le faux prétexte, qu'il n'est pas possible à l'hommes de les connoître par la simple raison. Les payens même en ont pensé différemment. Platon, dans le dialogue sur la nature humaine, prouve admirablement bien, que pour se connoître, il faut non seulement connoître son ame qui fait l'essence de l'homme, mais qu'il faut encore *se regarder en Dieu*, pour se connoître parfaitement, & acquérir la vertu & la sagesse, d'autant plus que sans le secours de la divinité on ne peut devenir meilleur. Perse étoit sans doute dans les mêmes idées lorsqu'il dit „apprenez mortels à vous „connoître de bonne heure, & à raisonner sur les choses, „apprenez ce que c'est que l'homme, pourquoi il est au „monde - - - quel ordre il doit garder en tout - - - jusques „où l'on doit aller - - - à quoi nous devons borner nos „désirs. - - - &c.

faire sa volonté, en le prenant pour modèle de sa conduite, & en conservant soigneusement en soi les précieux traits de la divinité. Il doit se soumettre avec résignation à la providence, & enfin mettre en Dieu une entière confiance. Quant aux devoirs envers lui-même, l'homme est appellé à se bien connoître, & comme son corps est la moindre partie de son individu, c'est son ame sur tout qui demande ses soins & son attention. Il doit chercher son vrai bonheur, perfectionner son entendement, faire servir la connoissance qu'il a du bien & du mal à régler sa volonté, & à corriger son cœur; il doit modérer ses passions, & les contenir dans les bornes légitimes, conserver sa santé, pourvoir à ses besoins, jouir des avantages que la providence lui accorde, & rendre son corps & son ame aussi parfaits qu'ils peuvent l'être: il doit sur toutes choses se préparer pour l'éternité bienheureuse, à laquelle il est destiné, & commencer dès cette vie à revêtir les qualités convenables à celle qui l'attend après le trépas. Ce qu'il se doit à lui-même, il le doit aussi aux autres hommes, qui sont ses frères, & également comme lui les objets de l'amour & de la protection de Dieu: il doit les aimer & travailler de tout son pouvoir à leur bonheur, évitant soigneusement tout ce qui peut leur nuire, & cherchant à perfectionner leur entendement, leur volonté, & toutes leurs facultés. Enfin il faut qu'il remplisse toutes ses obligations, soit comme homme, soit comme membre de la société civile; qu'il soit bon mari, bon père, bon maître, bon citoyen, bon magistrat, bon souverain; en un mot qu'il fasse tout ce qui dépend de lui, pour procurer la perfection des autres hommes & augmenter leur félicité, ne préférant jamais son intérêt particulier à celui du bien public, qui dans l'ordre raisonnable des choses, & dans les vues de Dieu, tient incontestablement le premier rang *a*).

62.

Voilà quels sont en abrégé nos devoirs naturels. Il suffit pour mon dessein d'avoir établi les principes ou les règles qu'il faut suivre dans les diverses situations de la vie, rien n'étant plus aisé que de se mettre au fait de ses différentes obli-

---

a) L'homme peut être porté à l'observation de ses devoirs envers le prochain par divers principes; *p. e.* Il peut avoir pour principe le noble désir de remplir, en tant qu'il dépend de lui, les vues de Dieu sur le genre humain, & de répondre au but que l'Etre suprême a eu dans l'établissement de la société pour laquelle il a été formé; ou bien il peut y être engagé par le principe de la bienveillance que nous ressentons pour nos semblables, ou bien enfin par celui de notre intérêt & du besoin que nous avons du secours des autres hommes. On peut encore conclure de l'égalité qui subsiste à divers égards entre les hommes, que nous ne pouvons espérer d'être aimés & assistés des autres, qu'autant que nous les préviendrons par de bons offices. Voilà comment les divers principes que nous avons posés dans cet ouvrage, fourniffent à l'homme divers motifs, & des motifs puiffans, pour s'acquitter de ses devoirs.

tions, en faisant attention aux conséquences qui en découlent évidemment.

Avant que de passer aux réflexions qui regardent plus particulièrement la politique, voyons d'abord sur quoi est fondé l'empire que l'homme s'arroge sur les bêtes, & justifions ensuite les voies de la providence; sujet trop intéressant pour craindre de s'y arrêter!

CHAPITRE XI.
De l'empire de l'homme sur les bêtes.

63.

L'homme s'attribue l'empire sur les bêtes: mais sur quoi fonde-t-il ses prétentions? Le voici. Tous les êtres ont les propriétés & les attributs qui conviennent à leur état sur cette terre. Chacun de ces êtres possède les facultés propres au bonheur dont il est susceptible, & contribue à proportion à la conservation & aux commodités de l'homme, qui ne pourroit ni subsister, ni jouir de la félicité à laquelle il est appelé, s'il n'avoit pas l'empire sur les bêtes. L'assujettissement des animaux à l'homme, & leur destination à son service, résultent évidemment de leurs facultés bornées *a*), & proportionnées à l'état

---

a) Addisson regardoit l'instinct des animaux, comme on fait la pesanteur dans les corps, c'est à dire, comme une impression immédiate du premier moteur de toutes choses, & comme une vertu divine qui opère sur les créatures. Les animaux exécutent par cette voie les actions les plus mer-

de dépendance dans lequel ils vivent. Ces facultés ne s'accorderoient pas avec une condition plus relevée; leur intelligence convient à leur situation & au poste qu'ils remplissent. L'instinct les porte à satisfaire à leurs besoins, & à faire usage de leurs facultés: cela suffit, & à leur bonheur, & pour l'utilité dont ils sont au genre humain. Plus d'intelligence *a*) les auroit rendus mécontens de leur condition. S'ils se rappelloient comme nous le passé; s'ils prévoyoient l'avenir; s'ils tiroient des conséquences de ce qu'ils auroient observé; ils connoîtroient leur assujettissement, & emploiroient la force pour se mettre en liberté. Ils deviendroient alors si redoutables à l'homme qu'il ne pourroit plus se précautionner contr'eux, ni subsister: toute harmonie entre hommes & bêtes cesseroit par

veilleuses, & beaucoup mieux que s'ils étoient doués de discernement & d'intelligence comme les hommes; mais cette habileté n'existe que pour le but pour lequel Dieu les a formés. Hors de là ils sont d'une stupidité étonnante. Voyez l'ouvrage périodique, intitulé der Artz *P. VI. p. 591. & 592.*

a) Il falloit donc qu'ils fussent privés de la raison, & de l'usage de la parole nécessaire pour la cultiver; & voilà comment on peut découvrir les vues de Dieu dans ses ouvrages; par exemple, n'est-il pas évident, que si Dieu a permis l'étonnante multiplication des poissons dans les eaux, c'est qu'elle ne nuit pas à l'homme; & que c'est pour empêcher les dommages qu'il recevroit des animaux de la terre, que leur propagation est resserrée dans les bornes requises pour leur destination, & qu'ils ne peuvent subsister dans tous les pays, pendant que l'homme par son

conséquent. Rappellez vous quelles frayeurs, quel trouble, quel dégât, un ou deux loups ont causé dans le Gévaudan: plusieurs personnes ont été devorées; tout trembloit; & les pères & les mères, justement allarmés, craignoient à tous momens que leurs enfans ne devinssent la proie de ces cruels animaux. Mais la misère de l'homme augmenteroit celle des bêtes. D'ailleurs l'ambition, l'envie, les soucis, & tant d'autres sources de chagrins que les animaux ne connoissent pas, deviendroient leur partage. Incapables de grands plaisirs dans leur état présent, ils sont aussi exempts des grands chagrins & des grandes souffrances auxquelles nous sommes exposés. Dans leur état de dépendance ils éprouvent mille douceurs dont ils seroient privés loin des hommes. Quels soins ne prend-on pas de ceux qui

industrie trouve la subsistance dans toutes les régions de la terre, qui lui a été assujettie avec tout ce qu'elle renferme. L'éléphant qui vit pour le moins deux cens ans en Asie & en Afrique, meurt dans moins de vingt ans en Europe. Il ne produit qu'un petit tous les deux ou trois ans. „Le „lion n'a jamais habité les régions du Nord, & la renne „ne s'est jamais trouvée dans les contrées du midi. *Histoire naturelle* &c. de Mr. de Buffon, qui remarque encore qu'il y a des animaux qui ne descendent pas même des montagnes où ils se tiennent, pour se rendre dans les plaines, & que plusieurs de ceux qu'on tire des pays chauds ne multiplient pas dans les climats tempérés: d'où il déduit lui-même cette conséquence, que l'homme est fait pour regner sur la terre; que le globe entier est son domicile; & qu'il semble que sa nature s'est prêtée à toutes les situations.

sont autour de nous, & qui nous sont utiles ! quelles attentions pour les conserver en santé ! Sans l'assistance des hommes combien n'en périroit-il pas par le froid, par les inondations, par des tempêtes, & par d'autres calamités ? Il leur est donc avantageux d'être soumis à la domination de l'homme. Comme leur intelligence est proportionnée aux relations qu'ils ont avec nous, il en est de même de leurs facultés corporelles ; ils font sans peine les rudes travaux dont les hommes ne viendroient pas à bout. L'activité de quelques uns d'entr'eux les fait employer utilement à la chasse. La chair de plusieurs fournit une excellente nourriture, & leurs peaux, de même que leurs poils, servent de matériaux à plusieurs de nos manufactures. L'empire de l'homme sur les animaux résulte encore de l'excellence de sa nature, qui le met fort au dessus des bêtes. Corps & ame, tout l'en distingue avantageusement. Il se rend le maître de tous les animaux, quelque grandes que soient la force & la vitesse dont ils sont doués ; il possède le talent & l'art d'en tirer parti à mille égards ; & cette connoissance qu'il tient du Créateur, prouve qu'ils sont destinés à son service. Car si l'homme n'en faisoit aucun usage, pourroit-on découvrir à quelle fin ils auroient été formés ? Il en seroit d'eux comme des métaux & des minéraux, qui seroient entièrement inutiles, si l'homme ne les tiroit des mines & des carrières, pour les employer à son avantage.

Pour se mettre au fait des vues de Dieu sur l'homme dans la formation des animaux, il faut encore remarquer, avec quel soin les bêtes féroces & capables de lui nuire le fuient pour l'ordinaire, comment elles s'en éloignent, & se retirent dans les cavernes & dans les déserts, pour ne le point troubler dans ses occupations. Observez aussi qu'elles consument les cadavres qui par leurs exhalaisons empoisonneroient l'air, & le rendroient mal sain, & qu'elles se font même mutuellement la guerre : ce qui empêche leur trop grande multiplication. Les animaux qui par leur promptitude à courir donnent de l'exercice au chasseur, contribuent en même temps à sa santé, en lui procurant du plaisir, de l'occupation & du profit. Il y en a peu qui par quelque endroit ne soient utiles au genre humain. Jusques à leur couleur, & à leur différente figure, tout nous sert, soit pour nous offrir une aimable variété, soit pour nous mettre en état de les distinguer les uns des autres, & éviter la confusion, ou les disputes par rapport au droit de propriété que l'on acquiert sur elles.

Telle est l'admirable bienveillance de l'Etre suprême en faveur de l'homme, que rien ne manque à son bonheur, & que tout y concourt; pourvu qu'il se renferme dans les bornes prescrites par la loi de la raison.

CHAPITRE XII.
De la providence.
64.

Il y a un être suprême & tout parfait : donc il y a une providence, c'est à dire, que dans tout ce que fait la souveraine intelligence, elle a toujours quelque but digne de sa sagesse, & qu'elle y arrive par les voies les plus convenables & les mieux proportionnées à la nature des choses.

Dieu est *sage* : donc il n'abandonne pas ses créatures, & il prend un soin tout particulier de l'homme. S'il lui a donné la faculté de l'entendement, c'est afin qu'il en fasse usage, & qu'il acquière des connoissances.

Dieu est *saint* : donc il veut que l'homme doué de la liberté de choisir le bien ou le mal, pratique la vertu, & qu'il conforme sa conduite aux loix qu'il lui a données. Il fait attention aux actions des hommes, il s'y intéresse : ceux qui s'efforcent de lui plaire, & qui le prennent pour leur modèle, ne peuvent manquer d'être les objets de son amour : ceux au contraire qui méprisent ses loix, sont les objets de son indignation.

Dieu est *juste* & tout *puissant* : il y a donc des récompenses pour les gens de bien, & des peines pour les méchans ; & comme il n'arrive pas pendant cette vie que Dieu récompense toujours la vertu, ni qu'il exerce toujours fes jugemens contre les vicieux, du moins à proportion de leurs déréglemens, plusieurs jouissent de tous les avantages de la fortune, pendant qu'on voit des gens de bien plongés dans la misère & dans les souffrances, il faut qu'il y ait une autre vie, où tout fera rétabli dans l'ordre que la bonté & la fagesse de l'Etre suprême exigent, & où les mauvaises actions recevront le châtiment qu'elles méritent.

Dieu est *infini* : il n'y a donc rien qui échappe à ses regards; rien qui foit trop petit à ses yeux. Croire qu'il ne fe mêle pas des événemens qui ne paroissent pas dignes de fon attention, c'est juger de l'Etre suprême d'après la foiblesse de l'homme, que l'application aux petites chofes peut détourner de celle qu'il doit donner à des objets plus importans.

Dieu a tout prévu *a*) & arrangé en conformité de ses desseins, & du plan qu'il a formé

---

a). Ce n'est que depuis peu que j'ai appris à connoître le traité solide, curieux & unique en fon espece de feu Mr. Sufsmilch, fur l'ordre admirable que la providence obferve par rapport à la naissance & à la mortalité des hommes, en faveur de la propagation du genre humain. Il y fait voir, comment Dieu arrive à fon but malgré les obstacles que les hommes y opposent, autant qu'ils le peuvent, & quelle immensité de puissance & de connoissances il lui falloit pour pouvoir atteindre ce but. Par exemple, il falloit 1. que le nombre des morts fût tellement proportionné à celui des nouveaux nés, que ce dernier l'emportât pour faire une augmentation, ou du moins balançât

l'un

pour le bonheur des créatures animées, & surtout de l'homme, le chef d'œuvre de la nature, autant qu'elle nous est connue. Quelle ne doit pas être notre assurance & notre tranquillité sur l'avenir ! Nous savons que c'est Dieu qui a fait la terre que nous habitons, & qu'il la conserve; qu'il l'a abondamment pourvue de tout ce qui

l'un avec l'autre. 2. Il falloit peser les suites des diverses maladies dont les hommes seroient affligés, & les différentes causes de leur mort. 3. Il falloit que l'homme fût construit de façon qu'il pût vivre, & se multiplier dans tous les climats, dans ceux où les rayons brulans du soleil se font sentir, aussi bien que dans ceux qui sont couverts de glaces, de neige & de frimas. 4. Il falloit pourvoir par tout à la subsistance du genre humain; 5. il falloit aussi que l'homme eût les moyens de se garantir contre la voracité des bêtes féroces, & qu'il l'emportât sur les animaux par son intelligence: c'est pourquoi il a reçu la raison en partage, & l'usage de la parole comme le moyen le plus propre à l'acquisition des connoissances dont il avoit besoin. 6. Il falloit que les deux sexes se multipliassent dans cette égalité qui est la plus propre à la propagation du genre humain. Les détails intéressans dans lesquels l'auteur entre sur ces divers sujets, & les preuves qu'il rapporte, montrent la profondeur de ses recherches, aussi bien que sa piété, & contribuent à la gloire de Dieu, dont la sagesse infinie se manifeste dans toutes ses œuvres. L'ouvrage est intitulé: „Die göttliche Ordnung in den Veränderungen „des menschlichen Geschlechts aus der Geburt, dem Tode „und der Fortpflanzung desselben, erwiesen von Johann „Peter Süßmilch, K. P. Oberconsistorialrath ꝛc. zwote und „ganz umgearbeitete Ausgabe, Berlin T. I. 1761. T. II. 1762. On ne sera pas fâché de trouver ici les divers rapports qui résultent de ses observations, & des réflexions qu'il a faites sur les calculs de Graunt, Petty, King, Kersseboom, Struyk, Déparcieux, Short, Wassenius, Wargentin, Maitland, Halley, Simpson, Smarts, Hogdson, Davenant &c.

TOM. I.   O

est nécessaire à notre subsistance, & de tout ce qui peut contribuer à nos plaisirs, & qu'elle y reste propre, quoique souvent de furieuses tempêtes ou d'autres calamités semblent devoir faire un vrai cahos de notre globe. C'est Dieu qui maintient la juste proportion qui doit régner

Le rapport des morts à ceux qui restent en vie dans une année est

A la campagne 1: 42 & 43 ou $\frac{1}{42}$, & année commune, en prenant 10 années mêlées de bonnes & de mauvaises, 1: $38\frac{4}{10}$ ou $\frac{1}{38}$.

Dans les petites villes $\frac{1}{32}$, & à Berlin $\frac{1}{28}$.

Dans les grandes villes comme Londres, Rome &c. $\frac{1}{24}$ ou $\frac{1}{25}$.

Dans les provinces entières cela varie: on peut prendre comme un rapport moyen $\frac{1}{35}$ ou $\frac{1}{36}$.

Le rapport des mariages au nombre des habitans dans une année.

Il y a une grande variété sur cet article. Car dans certains pays, il se fait un mariage sur 80 personnes, & en d'autres, il n'y en qu'un sur 100 à 115.

Dans les petites villes de la Marche de Brandebourg il se fait un mariage sur 98 personnes; à Berlin 1: 110; & à la campagne 1: 108; à Londres 1: 106; dans les petites villes de l'Angleterre 1: 128; en Suede 1: 126; & en Hollande 1: 64, ce qu'on ne peut attribuer qu'à la facile subsistance que le commerce y procure.

Le rapport des mariages aux nouveaux nés pendant toute la durée d'un mariage.

Il est assez généralement dans les grandes provinces de 1: 4, ou 10: 41, quoiqu'il y ait quelque différence suivant les lieux & les temps. On ne remarque pas que le plat-païs l'emporte à cet égard sur les villes. S'il ne naissoit généralement que 3 enfans d'un mariage, il n'y auroit aucune augmentation du genre humain; mais si l'un portant l'autre un mariage produit 4 enfans, cela suffit pour sa multiplication.

entre ses divers habitans, qui donne aux poissons & à d'autres animaux utiles à l'homme, cette fécondité surprenante, pendant qu'il renferme dans des bornes étroites la propagation des animaux qui nous sont le plus nuisibles. C'est lui qui

Le rapport des nouveaux nés aux vivans pendant une année.

Dans les villages de Hollande il est 1 : $23\frac{1}{2}$ ou $\frac{1}{24}$; dans 15 villages près de Paris 1 : $22\frac{7}{10}$; dans 20 villes du Brandebourg 1 : $24\frac{4}{10}$; en Suede 1 : $28\frac{1}{2}$ ou $\frac{1}{29}$; en Angleterre 1 : $28\frac{95}{100}$ ou $\frac{1}{29}$; suivant King & suivant Short 1 : $29\frac{1}{2}$ presque $\frac{1}{30}$, dans 1098 villages du Brandebourg 1 : 30, à Berlin 1 : 28, à Rome 1 : $31\frac{4}{10}$.

La variété étant de $\frac{1}{22}$ à $\frac{1}{31}$ il seroit difficile de vouloir établir une règle générale. Le rapport moyen pourroit être de 1 : 26 ou 28.

Le rapport des nouveaux nés aux mariages (ſtehenden Ehen) dans une année.

Mr. Sufsmilch convient de ne l'avoir pas encore approfondi suffisamment.

Suivant Struyk il est par rapport à 35 villages Hollandois de $22\frac{7}{10}$: 100, c'est-à-dire, d'un enfant sur $4\frac{4}{10}$ mariages, & suivant Waſſenius il n'y avoit qu'un enfant de 5 mariages dans la paroisse de Weſſenda : ce que Mr. Wargentin confirme quant à la Suede en général.

Le rapport des nouveaux nés aux familles.

Comme les veufs & les veuves continuent de gouverner leurs familles, il y a plus de familles que de mariages. Suivant Short une famille est composée de $4\frac{4}{10}$ personnes à la campagne; & dans les villes 2 familles consistent en 9 personnes. Suivant King une famille parmi les gens du commun est composée de $3\frac{1}{4}$, parmi les gens de condition de $5\frac{1}{3}$; & en général l'une portant l'autre de $4\frac{1}{13}$.

Le rapport des nouveaux nés aux familles est de 10 : 65 ou 1 : $6\frac{1}{2}$ dans les villes, & à la campagne 10 : 67 ou 1 : $6\frac{7}{10}$, généralement 10 : 66 ou 1 : $6\frac{5}{10}$.

suscite tout à coup des moyens extraordinaires pour nous délivrer de ces fléaux de sauterelles, de chenilles, ou d'autres insectes qui sembloient devoir tout dévorer. Quelle étendue de connoissance n'a-t-il pas fallu pour combiner ce nombre innombrable d'accidens qui pouvoient arriver dans le concours de tant de parties dont l'Univers est composé pour prévenir les effets funestes que leur rencontre pouvoit occasionner ! Quelle intelligence & quel discernement pour donner en particulier aux semences & aux graines la conformation & les dispositions requises, pour

Le rapport de ceux qui meurent aux nouveaux nés dans une année.

Il est de 10 : 12 ou 13, ou bien de 100 : 120 ou 130, d'où vient l'augmentation du genre humain, qui dans moins de 100 années pourroit aller au double, s'il n'y avoit dans le monde divers obstacles à son accroissement, (v. §. 199.) malgré lesquels le genre humain se conserve & se multiplie.

Le rapport du nombre des garçons à celui des filles dans une année.

Il naît en général plus de garçons que de filles, 21 garçons sur 20 filles, ou 26 garçons sur 25 filles : ce qui fait voir que la polygamie est contraire aux vues de la nature.

Quant aux *rapports de ceux qui meurent suivant l'âge*, dont on peut tirer bon parti pour les rentes viagères ou fonds perdus & tontines, & de ceux qui meurent *suivant les maladies*, il faut voir les tables ou listes qu'il en rapporte dans son ouvrage. Il y a beaucoup à profiter des réflexions dont il les accompagne. Voici encore un rapport qui mérite l'attention de ceux qui gouvernent, c'est

Celui des enfans qui meurent au sein de leurs mères à ceux qui meurent chez des nourrices.

Il est suivant l'auteur *des Intérêts de la France mal entendus* de. 3 : 5 ; ce qui est confirmé par Déparcieux.

marquer précisément tous les degrés de leur poids, de leur volume, & de leur vitesse, & pour opérer suivant son plan, sans appréhender le moindre obstacle imprévu, & sans jamais craindre la moindre méprise dans un calcul si vaste qu'il absorbe tout ce que l'imagination en peut concevoir! Que penser après cela de ces esprits légers & superficiels qui osent attribuer les effets d'une intelligence si merveilleuse & si immense, à une force aveugle, ou à des hypothèses purement arbitraires qui se détruisent d'elles mêmes? Aveuglement étrange d'une raison orgueilleuse qui prétend assujettir tout à son tribunal!

Comment le monde se soutiendroit-il, comme il fait depuis tant de siècles, sans la providence? On prétend à la vérité qu'un artiste fait bien un ouvrage qui se maintient pendant quelque temps, quoiqu'il soit abandonné à lui même par l'ouvrier, & qu'il peut en être ainsi du monde. Il y a une grande différence entre l'ouvrage de Dieu & la production de l'artiste. Celui-ci ne fait que se prévaloir des forces qui étoient déjà dans la matière qu'il a façonnée, & dont il n'est pas l'auteur; mais ces forces qui subsistent sans lui, par la vertu de qui se maintiennent-elles? Le monde n'a point le principe de son existence, ni en lui-même, ni dans son essence; il faut donc nécessairement que la puissance divine influe sur sa durée & sur sa conservation. Un corps ne change pas de place qu'il n'y soit contraint par la force d'un autre corps qui le touche. Cette dépendance où est un corps à l'égard de l'autre, s'étend à tous, il faut donc supposer une force infinie, d'où dépend en dernier ressort l'existence & la conservation des forces de la nature. Ce qui prouve évidemment que l'action de Dieu n'a pas cessé avec la création, & qu'elle doit continuer pendant toute la durée du monde. Comme dans la marche de l'aiguille d'une montre vous appercevez l'action continuelle du ressort, de même vous pouvez juger que la puissance divine influe sans interruption sur le monde, afin qu'il puisse continuer à subsister: semblable à l'autorité des juges dont le pouvoir s'anéantit, aussitôt que le souverain qui les a établis cesse de maintenir leur autorité, le monde retomberoit dans le néant, si Dieu retiroit un moment sa main puissante.

Mais quelles sont les sources de l'aveuglement des impies qui méconnoissent les voies de la providence? Les voici.

Ils ne peuvent, disent-ils, concilier l'idée de l'Etre tout parfait avec celle de l'imperfection de son ouvrage, & sur tout avec celle du mal moral qui déshonore le genre humain. Mais Dieu pouvoit-il communiquer ses perfections infinies à ses créatures? & parce que son ouvrage ne pouvoit manquer de se ressentir des limites qu'il doit avoir nécessairement, falloit-il qu'il renonçât à la création de tant de chef-d'œuvres, qui sans atteindre à l'infinité de leur auteur, ont cependant toute la perfection dont leur nature est susceptible? Falloit-il sur tout qu'il laissât dans le néant l'homme, cet être capable de le connoître & de le servir avec choix; falloit-il qu'il le privât de sa liberté pour n'en faire qu'un automate, ou un être agissant par un pur instinct comme les bêtes? D'ailleurs le bien ne l'emporte-t-il pas incomparablement sur le mal? Dieu ne tire-t-il pas même le bien du mal? Il fait aboutir les imperfections, apparentes ou réelles, de quelques parties, à la perfection du tout; il fait tourner en bien nos égaremens, nos folies & nos vices mêmes; la volupté, la vanité, le luxe, procurent divers avantages à la société, non en tant que ce sont des actions vicieuses, car la société prospéreroit tout autrement, si on pouvoit en bannir le vice; mais en tant que Dieu a tellement lié les choses entr'elles, que la conduite insensée des vicieux tend même malgré eux à l'avantage de la société. Ce n'est donc que par accident, ou pour mieux dire, par une suite de la nature bornée des êtres créés, que le mal arrive dans ce monde. On ne sauroit donc l'imputer à Dieu, & cela suffit pour justifier sa divine providence.

Mais à quoi bon, dit-on encore, tant d'insectes hideux, importuns, vénimeux; tant de bêtes féroces & nuisibles qui défigurent l'ouvrage de Dieu? Pourquoi les ronces & les épines cachées sous les fleurs? Pourquoi ces vastes déserts, ces sables arides, la stérilité des landes, ces montagnes & ces rochers inaccessibles, ces marais couverts d'eaux croupissantes & mal-saines? Pourquoi le tonnerre gronde-t-il sur nos têtes, & effraie-t-il les humains? Pourquoi les vents & les tempêtes, la grêle, la foudre & les éclairs viennent-ils détruire nos moissons, & souvent renverser nos habitations de fond en comble? Pourquoi l'homme, cet être supérieur aux autres créatures, vient-il au monde nu & misérable, destitué de tout ce dont il a besoin pour subsister? Pourquoi avoir permis parmi les hommes cette inégalité de conditions, qui en rend la plus grande partie si abjecte & si méprisable? pourquoi cette cruauté de faire servir les animaux de pâture? Pourquoi sur tout ces événemens heureux qui accompagnent les entreprises injustes des méchans a), pendant que souvent l'homme juste & vertueux vit dans le mépris & périt de misère? Comment, si Dieu se mêloit des affaires humaines, le vice triompheroit-il si souvent;

---

a) „La prospérité des méchans ne doit point nous em-
„pêcher de croire cette vérité: *qu'il y a un Dieu qui gou-*
„*verne tout.* Dieu se sert d'eux comme il veut pour le
„bien général de l'univers. C'est la fin qu'il se propose,
„& non pas l'utilité des particuliers. Quand il s'est servi
„des méchans pour ses desseins, il fait les punir très ri-
„goureusement, sans qu'ils puissent lui échapper. S'ils ne
„reçoivent pas la punition de leurs crimes dans la vie pré-
„sente, ils la trouveront après leur mort. Rien ne peut
„les dérober aux yeux & à la puissance de Dieu. Souvent
„même ceux dont la prospérité nous scandalise, sont des
„justes cachés à nos yeux, mais non pas à ceux de Dieu
„qui les conduit par des ressorts cachés à une meilleure
„vie. *Platon.*

comment Dieu permettroit-il que la vertu fût dans l'oppression, la rebellion impunie, & une guerre injuste suivie des plus heureux succès ? Voilà quelles sont les principales difficultés que l'on fait sur la providence; mais elles s'évanouirent bientôt, au moyen des réflexions, suivantes dont il est facile de faire une juste application.

L'univers n'est pas fait pour le genre humain seul, & encore moins pour tel ou tel individu de l'humanité.

Il est de la sagesse de Dieu de pourvoir premièrement au bien général de toutes les créatures, & à celui de tout le genre humain, préférablement à celui des particuliers. Ainsi pour être rendu capable de porter un jugement raisonnable sur la providence particulière, il faudroit savoir ce que la providence universelle exige de Dieu dans les divers événemens qui arrivent.

La bonté & la sagesse de Dieu nous persuadent qu'il songe beaucoup plus au bien de l'ame qu'à celui du corps: l'ame étant ce qui fait la grandeur & la dignité de l'homme.

Tous ces objets qui nous paroissent hideux & incommodes, ont leur utilité, quoiqu'elle puisse nous échapper: ils contribuent à cette étonnante variété qui fait la beauté de cet univers, & à cette admirable gradation ou continuité qui n'y laisse aucun vide: toutes les créatures entrent dans le concert de louanges que le monde offre à l'Etre suprême.

Nous sommes les maîtres des animaux; & nous exerçons sur eux un empire absolu: plusieurs servent à notre usage. Ceux qui peuvent nous nuire nous fuient, & ne nous font pas grand mal. La plupart du temps c'est une délicatesse déplacée qui nous les fait trouver de trop dans le monde.

Souvent l'homme se plaint des choses dont il tire les plus grands avantages. Que deviendroit par exemple, le genre humain, s'il n'y avoit des rochers & des montagnes qui servent non seulement à la solidité de la terre, mais encore à l'entretien des rivières & des fleuves dont la nécessité & l'utilité sont manifestes ? Il est bon que l'homme soit exercé à la patience, préservé de l'oisiveté & tenu dans la vigilance. Le besoin est le plus puissant aiguillon de l'industrie, & l'homme ayant reçu la raison en partage, elle lui tient lieu de tout, pourvu qu'il la consulte soigneusement, & qu'il en observe constamment les préceptes. Il trouve dans le travail & dans la recherche des vues de Dieu sur lui, une satisfaction douce & solide; sa soumission aux arrêts de la providence, & les efforts qu'il fait pour se conserver sans reproche au milieu des calamités, ont des suites agréables même dans cette vie; Dieu faisant voir que dans le mélange de biens & de maux, il se propose notre propre avantage. Il ne nous laisse manquer de rien, & les disettes viennent bien plus de la méchanceté des hommes que des orages & des insectes. La plupart du temps ces calamités ne nous privent que d'un superflu qui décourageroit le laboureur par l'abondance & par le vil prix des denrées.

Sans la subordination la société périroit; point de services mutuels. Si tous les hommes étoient égaux, qui voudroit s'assujettir aux occupations abjectes & viles, en faveur des autres, quoiqu'indispensables pour le bonheur de la société? D'ailleurs c'est être très déraisonnable & inhumain que de mépriser des hommes qui nous sont si utiles, quoi qu'ils soient de basse condition, & occupés à des fonctions dégoûtantes & désagréables? Il faut être insensé, ou sottement vain & orgueilleux, pour n'être pas touché de leur misérable condition, & l'on est bien dur si l'on ne cherche à l'adoucir & à les en dédommager.

Les bêtes qui nous servent d'alimens, finissent leur vie par cette voie, d'une manière moins douloureuse & plus promptement; elles ne sentent pas non plus ce malheur, si c'en est un pour elles, comme le feroient des êtres capables de réflexion, & elles jouissent d'ailleurs du bien être qui convient à leur nature. Nous sommes la plupart du temps nous mêmes les artisans de notre infortune, mais au reste, nous ne connoîtrions pas tout le prix du bonheur si nous n'avions ressenti des maux. C'est par l'adversité encore que nous devenons sages, prudens, humbles, laborieux, bons citoyens, compatissans envers les malheureux; c'est elle qui nous apprend à supporter la douleur & les contradictions;

ce qui nous est fort avantageux. Enfin c'est elle qui en nous détachant des biens trompeurs & frivoles du monde, nous attache de plus en plus à Dieu, comme à la source des vrais biens, qui ne se trouvent qu'en lui.

On se trompe souvent dans les jugemens que l'on porte sur le bonheur & sur le malheur en général, & en particulier sur les événemens heureux ou malheureux, qui arrivent au gens de bien & aux méchans. Tel paroit heureux au yeux du monde, dont on plaindroit le sort, si l'on savoit tous les désagrémens auxquels l'expose le poste qu'on lui envie.

Les revers nous conduisent quelquefois à la fortune, pendant que la prospérité ne sert aux méchans qu'à rendre leurs chutes plus funestes. D'ailleurs une prospérité soutenue nous amollit pour l'ordinaire, & nous rend délicats & d'autant plus sensibles aux maux inséparables de la condition humaine. Dieu conduit au bonheur les hommes vertueux par leurs propres disgraces, aussi bien que par les succès heureux des impies. Il laisse quelquefois échapper les plus grands criminels au châtiment qui est du à leurs forfaits, pour montrer, que ce n'est pas sur cette terre que le crime reçoit toujours la punition qu'il a méritée, & que les gens de bien peuvent espérer une autre vie, où l'ordre interrompu sera rétabli, & où le plan de Dieu pleinement révélé, manifestera sa justice & sa sagesse, d'une manière éclatante, qui sera le triomphe de la vertu & de la piété. En un mot, pour juger pertinemment de la condition humaine dans les différentes occurrences de la vie, il faudroit pouvoir considérer l'homme dans son vrai point de vue, & relativement à l'influence que tout ce qui lui arrive a sur son existence & sa destination pendant toute l'éternité.

Une providence qui se montreroit par des miracles continuels, ne seroit pas digne de Dieu, puisqu'elle répugneroit au plan d'épreuve, auquel il soumet les hommes sur cette terre. Du moins elle seroit dangereuse, en tant qu'elle pourroit nous engager à négliger nos talens naturels & nos devoirs. Dieu donne assez d'exemples de sévérité envers les méchans, pour nous convaincre qu'il a le crime en horreur : cependant la liaison qu'il a mise ici bas entre la vertu & la récompense, le vice & le châtiment, est encore assez imperceptible, pour que l'homme puisse embrasser le parti de la vertu par les vrais motifs qui doivent l'inspirer, & non par intérêt & par crainte. Ces motifs sont la beauté de la vertu & la laideur du vice, le désir de plaire à Dieu, & la crainte filiale de lui désobéir.

Si l'on recherche quelles sont proprement les causes de notre incrédulité au sujet de la providence, il se trouvera que ce sont nos vices & nos penchans déréglés. Et d'abord I. c'est notre présomption. Quelque borné que soit l'homme, il ose franchir les bornes qui lui sont prescrites, & soumettre tous les ouvrages de Dieu au tribunal de sa raison orgueilleuse. Doit-on s'étonner qu'il s'égare ? Nous connoissons assez de perfections en Dieu pour pouvoir prendre une entière confiance en lui, & pour nous en rapporter uniquement à lui. Quelle folie de prétendre que le monde seroit plus parfait, s'il étoit construit autrement, & sans mélange de biens & de maux ! Ce qui paroît plus convenable entraîneroit sans doute des inconvéniens sans nombre. Comment des hommes dont les vues sont si courtes, peuvent-ils se croire capables de former un meilleur plan que celui que Dieu s'est proposé ? Il me semble voir un paysan idiot & ignorant, mépriser les instrumens les plus ingénieux de l'art en faveur de l'agriculture, parce qu'il n'en connoit pas l'usage, & qu'ils n'ont aucun rapport avec sa charrue. Si Dieu nous confioit les rênes du monde, sans doute que nous éprouverions le sort du métayer de Jupiter. *Concluons* donc avec l'auteur ingénieux de cette fable, *que la providence sait ce qu'il nous faut mieux que nous.*

C'est II. l'avidité de l'homme qui le rend mécontent de la providence. Il se croit seul digne des regards de Dieu ; il n'a que ses intérêts en vue & ne pense nullement aux autres ; il voudroit engloutir tout, & il méconnoît les avantages de la médiocrité. Quand même l'Etat dont il est membre seroit en danger de périr, il ne s'en embarasseroit guères, pourvu qu'il pût parvenir par là à une fortune brillante. Si au contraire il souffre quelque légère incommodité, s'il est exposé à quelque revers; quoique l'Etat prospère, il taxe Dieu d'injustice, & d'aveuglement. Qu'il réprime la tyrannie de son orgueil & l'extravagance de ses désirs, & il trouvera son bonheur dans celui du public; s'il se rend justice il conviendra que la providence fait pour lui plus qu'il ne mérite; mais nageât-il dans les délices, l'homme ingrat ne dit jamais: *c'est assez.*

C'est III. souvent à la paresse qu'il faut attribuer les disgraces dont on se plaint. La providence ne fait point de miracles sans raison suffisante; elle nous a donné des facultés, & une raison pour en faire usage: si donc l'homme ne réussit pas dans le monde, c'est la plupart du temps parce qu'il enfouit ses talens, & qu'il néglige les règles de la prudence. Il faut agir avec Dieu, si nous voulons qu'il coopère avec nous.

Ce sont IV. nos déréglemens, nos folies, nos injustices, qui sont les causes les plus ordinaires de nos malheurs. Au lieu donc de nous en prendre à la providence c'est à nos penchans déréglés que nous devons imputer les catastrophes qui nous arrivent, le désordre de nos affaires, le dérangement de notre santé, la perte de nos biens, de nos dignités, de nos amis, de notre réputation. Changeons de conduite, & souvent nous corrigerons la fortune.

Enfin V. c'est quelquefois uniquement par notre impatience que nous nous trouvons malheureux. Dieu tarde à nous accorder les biens que notre vertu, notre amour pour lui, & notre soumission, paroissent mériter. Nous nous hâtons de nous plaindre; mais à peine, homme imprudent & injuste, ces plaintes s'élèvent-elles dans ton cœur, que tu as lieu d'en regretter les mouvemens inquiets: te voilà comblé de biens avec le chagrin d'avoir offensé ton Dieu par tes murmures. Quand même, au reste, le juste seroit privé des marques extérieures de la faveur de Dieu sur cette terre, il peut-être sur d'en être un jour amplement dédommagé. Soumettons-nous donc avec une pleine résignation à tout ce que Dieu a réglé dans le conseil de sa sagesse; soyons sûrs qu'il ne nous perd pas un seul moment de vue: oui! lorsque nous avons travaillé de toutes nos forces à notre perfection, & que dans l'état d'épreuve où il nous a placés, nous faisons un noviciat qui lui est agréable, nous pouvons nous persuader qu'il ménage les événemens pour notre salut, & que tout a été arrangé en conséquence. La bonté infinie de Dieu ne nous permet pas de douter, qu'il n'ait accordé à tous les êtres une félicité proportionnée à leur nature; & quel ne doit pas être le bonheur d'un être aussi excellent que l'homme vertueux!

a) *Abbadie, la Rue, Reimarus &c.*

Fin du premier Tome.

www.ingramcontent.com/pod-product-compliance
Lightning Source LLC
Chambersburg PA
CBHW051859160426
43198CB00012B/1671